O MASSACRE

ERIC NEPOMUCENO

O MASSACRE
ELDORADO DO CARAJÁS - UMA HISTÓRIA DE IMPUNIDADE

1ª edição

EDITORA RECORD
RIO DE JANEIRO • SÃO PAULO
2019

CIP-BRASIL. CATALOGAÇÃO NA PUBLICAÇÃO
SINDICATO NACIONAL DOS EDITORES DE LIVROS, RJ

N362m Nepomuceno, Eric
O massacre: Eldorado do Carajás: uma história de impunidade / Eric Nepomuceno. – 1ª ed. – Rio de Janeiro: Record, 2019.

Inclui bibliografia
ISBN 978-85-01-11289-7

1. Crime rural - Eldorado do Carajás (PA). 2. Violência - Eldorado do Carajás (PA). 3. Trabalhadores rurais - Eldorado do Carajás (PA) - Atividades políticas. 4. Trabalhadores rurais - Eldorado do Carajás (PA) - Condições sociais. 5. Posse da terra - Eldorado do Carajás (PA). I. Título.

CDD: 333.3098115
CDU:332.21(811.5)

19-57099

Leandra Felix da Cruz - Bibliotecária - CRB-7/6135

Copyright © Eric Nepomuceno, 2019

Todos os direitos reservados. Proibida a reprodução, armazenamento ou transmissão de partes deste livro, através de quaisquer meios, sem prévia autorização por escrito.

Texto revisado segundo o novo Acordo Ortográfico da Língua Portuguesa.

Direitos exclusivos desta edição reservados pela
EDITORA RECORD LTDA.
Rua Argentina, 171 – Rio de Janeiro, RJ – 20921-380 – Tel.: (21) 2585-2000.

Impresso no Brasil

ISBN 978-85-01-11289-7

Seja um leitor preferencial Record.
Cadastre-se em www.record.com.br
e receba informações sobre nossos
lançamentos e nossas promoções.

Atendimento e venda direta ao leitor:
sac@record.com.br

Este livro é para
Eduardo Galeano

*Há momentos em que a gente deixa de perder,
porque já perdeu o suficiente.*

Rodolfo Rabanal, *Cita en Marruecos.*

SUMÁRIO

Prefácio: O tempo passou, mas nem tanto   11
Sobre este livro   25

Uma imensidão de terras e de violência   29
O preço de um sonho   55
A história de um massacre impune   87
A longa marcha ao encontro da morte   103
Uma história de impunidade   145

Gratidões   161
Referências bibliográficas   163

PREFÁCIO

O TEMPO PASSOU, MAS NEM TANTO

Aconteceram, sim, mudanças desde aquele longínquo agosto de 2005, quando fui a Eldorado do Carajás para escrever este livro.

Algumas dessas mudanças são doloridas para mim. Estou me referindo a personagens importantes do livro, e que já não estão entre nós.

Lamento por Domingos da Conceição, o Garoto, que tinha 15 anos na tarde daquela quarta-feira, 17 de abril de 1996. Sobreviveu à ação brutal da Polícia Militar do Pará, depois de ter levado mais de dez tiros, a maioria nas pernas. Mas carregou para sempre deformações na bacia e nos ombros, passou por onze cirurgias, sobreviveu às marcas torturantes da memória e às dores físicas lancinantes. Morreu num desastre de motocicleta.

Também lamento pelo advogado Ronaldo Barata, que foi generoso não apenas nas informações que passou para este livro, mas, e muito mais importante, na defesa dos camponeses sem terra.

Em 2013 — 27 anos depois do massacre de Eldorado do Carajás —, morreu Almir Gabriel, o homem que governava o Pará quando a Polícia Militar fez o que fez. Nunca foi indiciado, nunca foi levado à Justiça. Lamentei sempre, e continuo lamentando, essa impunidade.

O MASSACRE

Outro que também se beneficiou com o manto da mesma impunidade foi Paulo Sette Câmara, que era seu secretário de Segurança Pública e ordenou que as tropas da Polícia Militar usassem "a força necessária, atirar inclusive". Ironicamente, tornou-se consultor especializado justamente em segurança pública. Em 2016 — vinte anos depois de ter dado a ordem ao comandante da Polícia Militar para que fizesse o que fez —, foi eleito presidente do Conselho de Administração do Fórum Nacional de Segurança Pública.

Lamento mais essa entre as tantas incoerências deste país tão contraditório e incoerente.

Outra mudança: finalmente, depois de dezesseis anos de impunidade, em 2012 os dois policiais militares que comandaram o massacre, o coronel Mário Colares Pantoja (condenado a 228 anos de prisão) e o major José Maria Pereira de Oliveira (a 158), foram presos.

Em 2013, a defesa do coronel passou a despejar pedidos para cumprir sua pena em regime de prisão domiciliar, alegando razões de saúde. Chegou a apelar, no final de 2015, ao Supremo Tribunal Federal.

Ouviu uma sequência contundente de negativas, inclusive da corte suprema do país. Até que em 2016, vinte anos depois do massacre, conseguiu.

A questão mais inquietante é que, desde 1996, a violência no campo não só persiste como aumentou, e o que mudou em boa parte dos casos foram os responsáveis por ela.

Nunca mais houve matança semelhante, é verdade. Mas quase: na manhã de uma quarta-feira de breu — a do dia 24 de maio de 2017 —, chegou-se bem perto.

Em Pau D'Arco, no sudoeste do sempre sangrado Pará, dez camponeses — nove homens e uma mulher — acampados nas margens da fazenda Santa Lúcia foram assassinados de maneira especialmente brutal por um grupo de 29 policiais civis e militares, entre eles dois delegados e um coronel da Polícia Militar. Pelo menos outros catorze ficaram feridos, alguns em estado grave.

PREFÁCIO

Há, é verdade, umas tantas diferenças entre essas duas matanças. Em Eldorado do Carajás, 21 anos antes, dezenove pessoas foram mortas no ato, outras três morreram depois como consequência dos ferimentos padecidos naquele 17 de abril de 1996, e outras dezenas foram feridas, várias com lesões permanentes.

Tudo em Eldorado aconteceu à luz do dia, e há imagens filmadas que mostram o início da ação policial.

Já no caso de Pau D'Arco, tudo foi feito sem outras testemunhas que os sobreviventes. O que chamou a atenção, pela novidade, foi a participação às claras de dois delegados e um coronel da PM.

Na verdade, são diferenças que importam menos: o que mais importa é a macabra repetição dos fatos.

Vale a pena relatar, ainda que de maneira resumida, a história dessa matança, bem mais recente que o massacre de Eldorado do Carajás.

Em Pau D'Arco, tudo começou em maio de 2013, quando umas 150 famílias de trabalhadores rurais sem terra acamparam na fazenda Santa Lúcia. O acampamento foi organizado pela Fetraf, a Federação Nacional dos Trabalhadores da Agricultura Familiar, sem vínculo com o MST.

Foram iniciadas exaustivas e prolongadas negociações entre o proprietário da Santa Lúcia, Honorato Barbinski Filho, e o Instituto Nacional de Colonização e Reforma Agrária, o Incra, para que a União comprasse a fazenda e implantasse um projeto nos moldes do que está previsto pela lei de reforma agrária.

No final de 2015, Barbinski Filho admitiu vender as terras da Santa Lúcia para o Incra. Pediu 32 milhões de reais (na época, cerca de 11 milhões de dólares).

A avaliação dos técnicos do Incra foi bem menor: 21,9 milhões de reais. Houve uma contraproposta do proprietário: 22,6 milhões. A legislação, porém, impede que se chegue a um preço superior — mesmo com uma diferença tão pequena — ao da avaliação oficial. Barbinski, então, desistiu e recorreu à Justiça, pedindo a reintegração de posse da área ocupada.

O MASSACRE

Em tempo: a família Barbinski tem uma dúzia de propriedades no Pará. Somadas, essas terras têm uma extensão maior que a da cidade de Belo Horizonte, de acordo com levantamento feito pela ONG Terra de Direitos.

O Incra, por sua vez, pediu prazo para reacomodar as famílias em outro lugar. Como a Santa Lúcia é considerada "terra produtiva", a lei determina que não pode ser desapropriada. As famílias acampadas asseguram que as terras efetivamente produtivas compõem uma parcela pequena da extensão da fazenda.

A tensão cresceu de maneira veloz, com o proprietário contratando uma "empresa de segurança", ou seja, policiais civis e militares em seus horários de folga, e os acampados se mantendo na expectativa de alguma solução da parte do Incra. Saíram das terras da fazenda e montaram um novo acampamento nas margens da Santa Lúcia.

Em abril de 2017, um dos seguranças contratados por Barbinski, Marcos Montenegro, foi morto a tiros enquanto fazia uma das habituais rondas de patrulhamento dentro dos limites da fazenda. A polícia acusou integrantes do acampamento de serem responsáveis pelo assassinato. Já os acampados dizem que o morto era um conhecido pistoleiro da região, e que teria sido vítima de alguma vingança.

Seja como for, chegou-se finalmente à solução costumeira: policiais entraram de forma violenta, amparados no argumento de estarem cumprindo uma decisão judicial.

A Secretaria de Segurança Pública do Pará afirmou que, ao chegar à fazenda, os 29 integrantes da operação — vale reiterar: entre eles dois delegados da polícia civil e um coronel da Polícia Militar — foram recebidos a tiros.

O acampamento erguido fora da Santa Lúcia abrigava 25 pessoas, ou seja, eram menos os acampados que as forças de segurança. Chovia de maneira descomunal, e estavam quase todos debaixo de uma lona para se proteger da fúria dos céus.

14

PREFÁCIO

Dez pessoas foram mortas, e outras 15 se esconderam na mata. Das que buscaram refúgio, apenas uma não foi baleada. Nenhum policial foi ferido. Confronto?

A Secretaria de Segurança Pública afirmou que onze armas foram apreendidas no acampamento, entre elas um fuzil. Os sobreviventes dizem que não havia arma alguma, muito menos um fuzil.

A Promotoria de Justiça de Conceição do Araguaia disse não existir indícios de que as vítimas tivessem como reagir. E o Ministério Público do Pará disse que o que existe, na verdade, são claros indícios de ter ocorrido uma "execução", ou seja, uma chacina.

Repetindo o ritual de desfazer a cena onde ocorrem mortes, os corpos foram levados para um hospital vizinho na caçamba de camionetes, e o local foi todo revirado. No hospital, os corpos foram jogados no chão, antes de serem encaminhados para os Institutos Médico-Legais de Redenção e Parauapebas.

A perícia, mesmo que tentasse, jamais conseguiria reconstituir coisa alguma, a começar pela posição em que estavam os corpos dos mortos. A mulher foi baleada na cabeça. Os nove homens foram atingidos nas costas.

A mulher chamava-se Jane Julia de Oliveira. Era a presidente da Associação dos Trabalhadores e Trabalhadoras Rurais de Pau D'Arco. Dos nove homens mortos, seis eram familiares dela.

Todos os corpos foram entregues às famílias em adiantado estado de decomposição. Na hora de enterrá-los, não havia, no cemitério de Redenção, nenhum funcionário. Os parentes dos mortos fizeram os enterros.

O advogado José Batista Afonso, da Comissão Pastoral da Terra (CPT), lembra que em meados de 2017 havia mais de 160 acampamentos de sem-terra nas regiões sul e sudeste do Pará.

Ou seja: ao menos 160 focos de tensão permanente, onde a qualquer momento podem voltar a ocorrer atos de violência das forças de segurança pública que agem como segurança privada dos grandes proprietários de terras que, em sua imensa maioria, foram adquiridas de maneira duvidosa, quando não francamente ilegal.

O MASSACRE

Este é apenas mais um retrato de uma realidade que permanece imutável, condenada ao silêncio omisso da opinião pública e ao descaso das autoridades responsáveis pela questão agrária — uma das mais profundas e injustas de um país que consagra injustiças.

Desde aquele agora longínquo 17 de abril de 1996 não houve avanços significativos na reforma agrária, e na disputa pela terra continua-se a matar desbragadamente país afora.

Também não mudou a tenebrosa frequência com que se mata no Pará, que continua liderando a lista macabra de assassinatos. Mas é importante notar que o número e a frequência dessas mortes aumentam em outros estados brasileiros, com destaque para Rondônia e Mato Grosso do Sul.

Entre abril de 1996 e o final de 2015 foram registrados no Pará os assassinatos de pelo menos 271 trabalhadores rurais e dirigentes de movimentos sociais. Aliás, 2015 tinha sido marcado como o ano de maior número de assassinatos por conflitos de terra desde 2003. Dados da Comissão Pastoral da Terra mostram que cinquenta pessoas foram mortas, outras 144, ameaçadas, e houve 59 tentativas de assassinato.

Pois, em 2016, esse quadro se agravou de maneira alarmante: foram 61 assassinatos, em sua maioria de camponeses. Registraram-se ainda duzentas ameaças de morte e 571 agressões.

E segue a espiral: entre maio de 2016 e maio de 2017, dados da mesma CPT indicam que ocorreram, em todo o país, 71 assassinatos diretamente vinculados à disputa por terras.

No relatório da violência no campo em 2016, a Comissão mostra que entre quilombolas, indígenas, líderes e integrantes de movimentos de trabalhadores sem-terra ocorreram cinco assassinatos por mês. Um a cada seis dias, um aumento de 22% em relação a 2015.

Pois entre maio de 2016 e o mesmo mês de 2017, a média mensal subiu para seis. Mais de um morto por semana.

PREFÁCIO

Entre 2015 e 2016, as ameaças de morte cresceram 86%, e houve um aumento de 68% nas tentativas de assassinato.

E mais: entre 1985 e 2016, 1.834 pessoas foram assassinadas em conflitos rurais.

Apenas 31 mandantes desses crimes foram condenados.

Entre janeiro e junho de 2017 foram pelo menos 36 assassinatos, e o Pará se manteve na trágica liderança, com doze mortos.

Estudiosos da questão agrária no Brasil coincidem num mesmo ponto: o país tem uma das estruturas fundiárias mais concentradas do planeta.

Para Bernardo Mançano, professor da Universidade Estadual Paulista, trata-se de uma clara herança do sistema colonial: "Um por cento dos proprietários detém 60% das terras."

Mançano também destaca que "os latifundiários estão cada vez mais querendo ampliar essa concentração de propriedades, porque o agronegócio e as corporações multinacionais estão muito interessados em arrendar terras, com o beneplácito do governo'".

A fronteira amazônica, que inclui Mato Grosso, Rondônia e Pará, é também a fronteira agrícola do Brasil, para onde os latifundiários querem se expandir, e onde mais assassinatos de posseiros, camponeses e indígenas estamos vendo.

Se 2016 marcou a passagem de vinte anos do massacre de Eldorado do Carajás, também foi marcado pela deposição da presidente reeleita dois anos antes, Dilma Rousseff, e a instalação, em seu lugar, de Michel Temer.

A chegada de Temer à presidência resultou em várias alterações na questão da terra, mas em detrimento dos pequenos agricultores, enquanto cresceram as concessões de benefícios em cascata aos grandes proprietários.

Outra consequência dos novos tempos está na mudança observada no cenário do trabalho escravo ou em situação análoga à escravidão.

O MASSACRE

Em 2017 a verba destinada à fiscalização foi diminuída pela metade. Apesar de o trabalho dos fiscais ter mermado sensivelmente, cresceu o número de autuações de responsáveis por manter trabalhadores em situação degradante. E, uma vez mais, o estado com mais denunciados na chamada "lista suja" foi o Pará, com 63 autuações, quase o dobro do segundo colocado, Minas Gerais, com 34, quase o triplo do terceiro, Tocantins, com 22, exatamente o triplo de São Paulo, com 21.

Em março de 2019, foi atualizada a lista de empresas em que foram flagrados trabalhadores em situação análoga à de escravidão. E assim a relação chegou a um total de 187 casos, envolvendo quase 3 mil vítimas.

Além disso, a nova lista apresenta curiosidades. Nos casos flagrados em zonas urbanas, há de lanchonetes e padarias a confecções e construções, além de empresas que ofereciam empregadas domésticas, em geral filipinas (pelo menos setenta), trazidas para o Brasil como turistas e que depois tinham sua situação regularizada por pedidos de refúgio ou de visto temporário de trabalho. Entre os autuados, aparece até mesmo um clube esportivo, o Santa Bárbara Futebol Clube, da cidade goiana do mesmo nome.

Curiosidades à parte, reforça-se um dado preocupante: de novo, o Pará se manteve no topo da relação, mostrando que também nesse tipo de violação nada mudou.

Incansável lutador pelas causas dos desfavorecidos, dos abandonados de sempre, o teólogo Leonardo Boff diz que nós, brasileiros, somos herdeiros de quatro sombras que pesam sobre nós e que originaram e originam a violência.

Uma sombra: nosso passado colonial violento. Outra: o genocídio indígena. A terceira: a escravidão, que segundo ele é a mais nefasta de todas. E, em quarto lugar dessas sombras, a Lei da Terra, que exclui os pobres e negros do seu acesso e os deixa à mercê do arbítrio do grande latifúndio.

PREFÁCIO

Pois essas sombras continuam enevoando o horizonte e baixando trevas sobre qualquer perspectiva de um futuro de justiça e igualdade.

Passados todos esses anos do massacre de Eldorado do Carajás, o que mudou, mudou para pior. Se em 2007 foram 28 assassinatos por conflito de terra, em 2016 foram 61. Se em 2007 houve 1.027 conflitos, em 2016 foram 1.295. E não há indício algum de que a situação se reverta.

Ao contrário: o que muda são os novos poderosos e seus interesses, abrindo novos campos de ação.

Vários dos mencionados na edição original deste livro perderam espaço e poder. A família Mutran, por exemplo: se na época do massacre era símbolo (não único, é verdade, mas símbolo) de poder, aos poucos sua força e seu peso foram desmilinguindo.

Uns morreram, os outros perderam viço. E o que era a fonte de seu poder, e de muitas outras famílias poderosas — terras, terras e mais terras —, foi vendido para uma nova modalidade de latifúndio, agora controlado por empresas poderosíssimas sem tradição no ramo agrícola. Mineradoras, principalmente, formam hoje a nova e poderosa raiz da violência no Pará. Mas não só elas, convém esclarecer: a pecuária e uma indústria agrícola ambiciosa continuam a ser fonte de conflitos.

Talvez o melhor exemplo dos novos todo-poderosos do Pará seja o da Agropecuária Santa Bárbara, do banqueiro Daniel Dantas, conhecido pela agressividade com que atua onde quer que ponha a mão.

Basta recordar como ele, sendo acionista minoritário, conseguiu derrotar alguns dos principais fundos de pensão das estatais e uma muito poderosa multinacional, a Telecom Itália, e assumir o controle da hoje desaparecida Brasil Telecom, para saber que em sua investida em terras não pouparia esforços. A empresa atuava em nove estados e em Brasília, era a maior provedora de internet de toda a América Latina, e, ao se unir à também desaparecida Brasil Telemar, deu origem à Oi.

O MASSACRE

Sua Agropecuária Santa Bárbara foi fundada em 2005, em Palmas, capital de Tocantins. E comprou, entre outras propriedades no Pará, a fazenda Cedro, na verdade um complexo agropecuário integrado por várias áreas interligadas, e que fica na zona rural de Marabá, a cerca de 36 quilômetros de Eldorado do Carajás.

Desde 2009, a Santa Bárbara e os sem-terra disputam na Justiça a posse da área ocupada pelo acampamento. Nessa disputa, a promotora Jane Cleide Silva Souza, do Ministério Público do Estado do Pará, disse que a empresa de Daniel Dantas não conseguiu provar legalmente ser proprietária de toda a extensão pretendida, mas de apenas 70%. Os outros 30% restantes são a área reivindicada pelos sem-terra, assegurando tratar-se de terras públicas, ou seja, que pertencem ao Estado brasileiro e não poderiam ter sido negociadas entre particulares e são, portanto, passíveis de desapropriação, conforme a legislação da reforma agrária.

E mais: são terras que tinham sido cedidas pelo governo federal a Benedito Mutran em regime de comodato, para o fim exclusivo de extração de castanha-do-pará. Ou seja, nesse caso, a venda a Daniel Dantas foi um procedimento absolutamente ilegal.

Com sua entrada em cena no Pará, o que parecia inevitável, inevitável se tornou. Para tratar do confronto de interesses entre as aspirações dos sem-terra e aquele que é considerado um dos investidores mais agressivos do país, fortaleceu-se no Pará um método de, digamos, pressão que vinha sendo aplicado desde 2013, mas em escala menor: fumigar com poderosos agrotóxicos as roças e moradias dos sem-terra acampados à espera de uma decisão da Justiça que nunca chega.

Além de destroçar as plantações e pequenas roças dos acampados e contaminar gravemente a água, tanto de cacimbas e reservatórios como de córregos e arroios, a fumigação, feita em voos perigosamente rasos, causa sérios prejuízos à saúde de quem vive ali.

Crianças e idosos estão entre as vítimas da contaminação por agrotóxicos, especialmente o glifosato potássico. Aliás, convém recordar

PREFÁCIO

que a Agência Internacional de Pesquisa sobre o Câncer associou os agentes químicos que compõem o glifosato potássico a casos de surgimento da doença.

Desde pelo menos 2018 isso vem acontecendo com frequência em áreas ocupadas nas vizinhanças de Eldorado do Carajás e também na zona rural de Marabá, cidade que fica a uns 90 quilômetros de distância. E como para comprovar que pouco ou nada mudou, ao tratar da denúncia dos pequenos agricultores, a Polícia Civil chegou rapidamente à conclusão de que as seguidas fumigações não constituíam nenhuma irregularidade. O Ministério Público do Meio Ambiente de Marabá, por sua vez, arquivou o processo por "falta de provas".

Mudam os poderosos, surgem novos métodos de pressão, enquanto persistem, da parte das autoridades, os costumes de sempre.

Outro foco de tensão e violência se dá em áreas de mineração e de barragens, que se multiplicaram Brasil afora nas últimas décadas.

O agravamento da situação levou ao fortalecimento, ampliação e consolidação de um movimento social surgido no final da década de 1970, em plena ditadura militar, no Rio Grande do Sul e em Santa Catarina. Em meados da década seguinte, e com apoio da Pastoral da Terra, essas organizações regionais se uniram no Movimento dos Atingidos por Barragens (MAB), que se espalhou por vários estados brasileiros mas tem no Pará um de seus principais focos de atuação.

As ações do MAB têm como foco assegurar os direitos dos afetados pelas construções de usinas hidrelétricas, mas também por mineradoras, em especial pequenos agricultores, ribeirinhos, índios e quilombolas.

As estatísticas do movimento indicam que ao menos um milhão de pessoas foram expulsas de suas terras para a construção de barragens, ou foram diretamente prejudicadas, e que de cada cem afetados menos de trinta alcançaram a compensação pedida.

Deixadas ao relento, essas centenas de milhares de vítimas, sem ter mais onde morar e de que viver, migraram para as cidades, provo-

O MASSACRE

cando um aumento de favelas e moradias insalubres, ou passaram a vagar pelo campo à procura de um meio de vida dentro de um cenário cada vez pior.

Com sua consolidação, o MAB assinou, em março de 2012, na presidência de Dilma Rousseff, um acordo prevendo a criação de um cronograma para o reassentamento das famílias cadastradas como afetadas pela construção de barragens, tanto as destinadas à construção de hidrelétricas como as vinculadas a empresas de mineração. Mas a verdade é que pouco se avançou nessa direção, o que fez com que as ações do MAB se intensificassem por todo o país.

Com isso, aumentaram também os atos de violência contra os assentamentos do MAB. Assim, no dia 22 de março de 2019, foi assassinada em Tucuruí a coordenadora do MAB na região, Dilma Ferreira Silva, de 45 anos. Com ela também foram mortos seu companheiro, Claudionor Costa da Silva, e um conhecido do casal, Hilton Lopes. Eles foram mortos a tiros depois de terem sido torturados.

O suspeito de ser o mandante é um fazendeiro, Fernando Ferreira Rosa Filho, preso dias depois. Segundo a polícia, ele estaria interessado nas terras ocupadas pelo assentamento coordenado por Dilma Ferreira Silva, para construir uma pista clandestina de pouso destinada ao tráfico de drogas.

Não foi o único caso de militantes ou dirigentes do MAB assassinados, mas tornou-se emblemático pela própria trajetória de Dilma Ferreira Silva, que desde a inauguração de Tucuruí militava ativamente. A razão era tão simples como óbvia: numa entrevista em 2011, ela lembrou que "quando a usina abriu as comportas, levou tudo que eu tinha".

A chegada, no primeiro dia de 2019, de Jair Bolsonaro à presidência abriu um novo espaço de preocupação e tensas expectativas: afinal, em sua longa trajetória como deputado federal e durante sua campanha

PREFÁCIO

eleitoral, o novo presidente afirmou, com obstinada insistência, que o MST era uma "organização terrorista" e como tal devia ser tratado.

Aliás, convém recordar que na sexta-feira, 13 de abril de 2018, e em plena campanha eleitoral, Jair Bolsonaro foi até Eldorado do Carajás. E em frente aos dezenove troncos de castanheiras queimadas erguidos em círculo exatamente no lugar do massacre, disse, entre outras frases em defesa dos policiais militares presos por causa da matança feita 22 anos antes, que "quem tinha de estar preso é o pessoal do MST, gente canalha e vagabunda. Os policiais reagiram para não morrer".

Isso quando o movimento alcançava marcas de impacto: por ação direta ou indireta do MST, o Brasil registrava, no final de 2018, 400 mil famílias assentadas e outras 120 mil acampadas à espera de decisões judiciais. Em conjunto, os assentamentos ocupavam, no janeiro da estreia de Bolsonaro como presidente, o posto de maior produtor de arroz orgânico de toda a América Latina. Um arroz que tanto chega em escolas públicas brasileiras como ao mercado europeu.

Se de um lado a violência cresce, de outro também crescem índices como esse, obtidos em assentamentos.

A Vila 17 de Abril, aliás, tornou-se uma grande fornecedora de leite para toda a região vizinha. Também isso mudou, abrindo novos horizontes para quem vive naquelas terras que custaram vidas, vidas que permanecem na lembrança dos sobreviventes.

A Vila 17 de Abril, tantos anos depois...

Na Vila 17 de Abril o tempo passou, mas com suavidade. As ruas mostram árvores que não existiam quando estive lá em 2005, e essas árvores dão sombra aos passantes. Também os jardins das casas modestas estão mais floridos, e o que era um campinho de futebol e uma escolinha modesta agora virou uma construção ampla, que além das salas de aula abriga uma quadra de esportes. A população da Vila 17 de Abril no começo de 2019 rondava a marca de 6 mil pessoas.

O MASSACRE

Ainda se planta arroz, milho, mandioca e feijão, ainda há melancias. Mas o forte é a produção de leite. Durante um bom tempo houve um significativo incremento na criação de gado para corte, mas a partir de 2014 optou-se por fortalecer a produção de leite, que é fornecido para as cidades vizinhas.

Aumentou consideravelmente o número de moradores que aderiram a grupos evangélicos e que hoje são maioria na Vila, com destaque para a Assembleia de Deus. Mas todos, não importando a religião praticada, convivem em harmonia.

O MST permanece como coordenador de todas as atividades da Vila 17 de Abril. Se o Garoto já não está, Raimundo Correia segue na função de ser A Voz, e o Índio é o mesmo de sempre.

Passado esse tempo, a vida continua sendo levada em ritmo de valsa — em andamento um tanto mais acelerado, é verdade, mas sempre uma valsa.

Passados esses anos todos, continuam cravados na alma e na memória dos que lutam pelo direito a um pedaço de terra os mesmos troncos queimados das castanheiras erguidos em círculo, lá na Curva do S, entrada da Vila 17 de Abril.

Cravadas na terra que é sua última morada, continuam as mesmas 19 cruzes nos cemitérios de Curionópolis, Parauapebas, Marabá e Eldorado do Carajás.

A sombra dos troncos queimados e das cruzes plantadas na terra do Pará se estende como mancha sobre todo este país.

Como lamento perene dos injustiçados de sempre.

Petrópolis, maio de 2019

SOBRE ESTE LIVRO

Trabalhei neste livro entre fevereiro de 2004 e abril de 2007. Entrevistei 32 pessoas, algumas delas várias vezes, em São Paulo, no Rio de Janeiro, em Brasília, Belém do Pará, Marabá, Eldorado do Carajás e Parauapebas. Essas conversas resultaram em cerca de 54 horas de gravações, além de três cadernetas repletas de notas.

Li, da primeira à última, as quase 20 mil páginas que integram os dois inquéritos — o da Polícia Militar e o da Polícia Civil — que investigaram o caso. Perdi a conta do número de documentos acadêmicos, análises, ensaios e material de imprensa que consultei. Em 2005 viajei ao Pará, percorri acampamentos do MST e visitei assentamentos rurais na região de Marabá, passando por Eldorado do Carajás, Curionópolis e Parauapebas. Conversei longamente com advogados, promotores e assistentes de acusação que participaram dos julgamentos dos policiais militares. Conversei com políticos paraenses, alguns deles bastante próximos ao ex-governador Almir Gabriel. Ouvi, de veteranos jornalistas, histórias sobre o poder político no Pará. E, claro, fiz prolongadas entrevistas com várias testemunhas do massacre — os sobreviventes.

Depois disso tudo, cheguei à convicção de que o que aconteceu na tarde da quarta-feira, dia 17 de abril de 1996, no trecho da rodovia PA-150 — a principal do sudeste do Pará e uma das principais do estado

O MASSACRE

— conhecido como Curva do S, a escassos quilômetros de Eldorado do Carajás, foi uma das mais frias e emblemáticas matanças da história contemporânea do país. Ninguém deveria sequer se atrever a usar palavras como "confronto", "incidente" ou "choque" para descrever o que aconteceu na Curva do S.

Aquilo foi uma carnificina brutal, um massacre que permanece impune.

Dezenove pessoas foram mortas, e estou convencido de que pelo menos cinco delas foram alvos previamente escolhidos. Vítimas de tiros naquele dia, e do descaso absoluto das autoridades ao longo dos muitos dias que vieram depois, outros três feridos morreram nos anos seguintes.

Tenho plena convicção de que ao menos dez das dezenove pessoas que caíram no dia 17 de abril de 1996 foram mortas a sangue-frio, quando já se encontravam submetidas pela Polícia Militar ou tinham sido feridas e não puderam fugir. As fotos que ilustram os laudos periciais dos cadáveres são um primor de barbárie: corpos mutilados, cabeças destroçadas. Foi como se não bastasse disparar contra alguém desarmado: era preciso mais. Era preciso desafogar uma fúria descontrolada e estabelecer de uma vez e para sempre qual era a punição que iria além da morte. Eu só havia visto brutalidade parecida durante os tempos em que trabalhei como jornalista e cobri, ao longo de quatro anos, a guerra civil em El Salvador, na América Central, entre 1979 e 1983.

Estou convencido, além do mais, de quem são os responsáveis políticos por todas essas mortes. E de que a atuação da Polícia Militar, em especial da tropa sediada em Parauapebas, que agiu com sanha desmedida, foi a trágica consequência de uma tradição que se espalha, muito além do Pará, por todo o interior deste país. Ou seja: as forças da ordem servindo, acima de tudo e em primeiro lugar, a interesses privados.

Quem disparou, mutilou e trucidou lavradores sem terra? Soldados, cabos, sargentos e oficiais de uma força policial frequentemente corrompida, bastante mal paga, totalmente despreparada, acostumada muitas

SOBRE ESTE LIVRO

vezes a atuar a troco de tostões na defesa dos interesses de fazendeiros, grileiros, ocupantes ilegais de terra, pequenos comerciantes.

Quem ordenou que essa força policial, com tantas características fartamente conhecidas, desobstruísse, ao preço que fosse, uma estrada bloqueada pelos sem-terra? O governo estadual, integrado por representantes de um sistema que há décadas é dominado, com nuances sazonais, pelos mesmos grupos e pelos mesmos interesses no estado do Pará.

Nas duas pontas — quem mandou, quem executou —, a dramática reedição de um hábito enraizado no que há de pior das tradições brasileiras: a justiça feita pelas próprias mãos, a mando e na defesa dos interesses de determinados grupos, e às margens da Justiça. A imposição absoluta da lei e da ordem — *determinada* lei, jamais escrita, e *determinada* ordem, cujos limites e parâmetros ninguém, a não ser os que as impõem, conhece.

A inexistência, enfim, de uma linha clara que separe o que é público do que é privado: recorre-se à força policial como quem recorre a uma milícia particular.

Quem morreu, foi ferido, ficou mutilado — no corpo e na alma — para sempre? Integrantes de um movimento social de forte atuação, o MST, todos com as mesmas origens: a miséria, o trabalho em garimpo, todos desenraizados, vivendo uma vida de nômade atrás da sobrevivência, atraídos pela migalha de esperança — conseguir uma terra. Os dirigentes e coordenadores do MST naquela região brasileira reconhecem, hoje, que cometeram ao menos um erro de avaliação: eles não imaginavam o grau de fúria e ódio que suas ações desatariam. Nem mesmo em suas projeções mais pessimistas incluíam a possibilidade de matança coletiva, feita a sangue-frio, à luz do dia e aos olhos de testemunhas.

A tragédia, porém, poderia ter sido prevista e evitada. Os ingredientes perfeitos para que acontecesse o que aconteceu eram bem conhecidos, tanto pelas autoridades estaduais e federais como pela própria força policial. Em todo o Pará, e longe dali, qualquer um que tivesse acompanhado os antecedentes, que tivesse um mínimo de informação, saberia dos riscos. Mas até aquele abril, fora daquela região, nada disso merecia espaço nas atenções da maior parte dos brasileiros, distraídos de sua realidade mais dura, mais concreta.

Este livro abre com uma descrição de certos aspectos do interior do Pará. São números sufocantes, avassaladores, assim como o cenário em que se desenhou e consumou o massacre de Eldorado do Carajás. A vertigem de números deixa qualquer um mareado — mas é que sem eles fica menos compreensível e mais limitado o relato do que aconteceu.

Este livro, enfim, não foi escrito com o objetivo de fazer revelações drásticas: trata apenas de reconstruir uma tragédia. Mais do que *revelar*, quer *recordar* — soprar as brasas da memória para impedir que se tornem cinzas mortas. Ele foi escrito para lembrar que esta história pertence a um passado que permanece, intacto, no presente de outros milhares de brasileiros que vivem a esperança cotidiana de conquistar seu pequeno universo particular — um pedaço de terra.

UMA IMENSIDÃO DE TERRAS E DE VIOLÊNCIA

O estado do Pará tem cerca de 1,24 milhão de quilômetros quadrados. É mais que o dobro do tamanho da França. Mais que Itália, Espanha e Alemanha somadas.

Nesse território imenso vivem cerca de 6,6 milhões de pessoas. Uma população que corresponde a pouco mais da metade da soma dos municípios que formam a região conhecida como Grande Rio de Janeiro, e que cabe mais de duzentas vezes dentro do Pará. Pouco mais de um terço da população da região da Grande São Paulo, espalhada numa área que é 150 vezes menor que o Pará.

Quer dizer: sobra terra. E ainda assim, conflitos acirrados, violência, crime e impunidade são sinônimos, ou quase, quando se trata dessa imensidão.

No Pará, a propriedade da terra é sempre razão de disputa: nada é muito claro na hora dos títulos e papéis. O latifúndio é uma característica que só pode ser comparada à devastação inclemente, feita à luz do dia e à margem da lei, e à pobreza das pessoas.

Anda-se e anda-se, tropeçando em riqueza por tudo que é lado, de tudo que é tipo — dos minérios do subsolo às matas, das vastidões que algum dia foram cobertas de árvores soberbas e hoje são pastos, plantações de soja, carvoarias enegrecidas, áreas ressecadas onde pequenas

O MASSACRE

siderúrgicas surgem do nada. E, claro, o gigantismo da outrora chamada Vale do Rio Doce, encravada em Carajás. Tamanha é a força e tanto peso tem a Vale no Pará, desde seus tempos de empresa estatal, que é comum ouvir que nada — absolutamente nada — do que acontece de importante no estado é alheio a ela.

Anda-se e anda-se, e o que se vê é que sobra terra, falta trabalho, e a injustiça e o abandono se multiplicam com a veloz ferocidade das ervas daninhas.

A servidão, até hoje, é prática comum: as estatísticas de instituições vinculadas à Igreja, e também os relatórios e estudos dos sindicatos de trabalhadores rurais, da Organização Internacional do Trabalho, a OIT, e da Organização dos Estados Americanos, a OEA, mostram que nenhum outro estado brasileiro tem tantos casos de trabalho escravo como o Pará, e que em nenhum outro lugar do mapa do país se somam tantas mortes por causa da terra. Os estudos indicam que cerca de 40% de todos os casos de escravidão flagrados pelo Ministério do Trabalho desde 1995 se encontram no Pará.

Os números da Organização Internacional do Trabalho são assustadores. Em 2005 foram detectados 5.300 trabalhadores em regime de servidão no Brasil. Entre 1995 e 2005, a soma chegou a quase 18 mil.

Só nos primeiros seis meses de 2006, foram registrados no Brasil 2.200 casos de trabalhadores encontrados em estado de escravidão ou submetidos a condições que, pela lei, são consideradas degradantes. Desse total, 612 foram localizados no Pará.

Em dezembro, ao divulgar um relatório correspondente a todo o ano de 2006, o Ministério do Trabalho revelou que, naquele período, 35,5% dos proprietários de terra no Brasil que utilizavam mão de obra em situação de servidão — o chamado trabalho escravo — estavam no Pará.

Diz a história oficial que no Brasil a escravidão foi abolida no dia 13 de maio de 1888, e que o país foi o penúltimo a tomar essa medida em todo o mundo (o último foi o Marrocos).

UMA IMENSIDÃO DE TERRAS E DE VIOLÊNCIA

Alguns dos grandes latifundiários e os que se instalam à margem da lei nas terras do Pará, em todo caso, não levam muito a sério essa questão da história e suas datas. Há sempre braços disponíveis buscando um meio de sobreviver.

A cada semana, chegam ao Pará grossas marés de migrantes dos estados vizinhos. O sistema é mais que conhecido: um intermediário, o *gato*, contrata os homens, retém seus documentos e os leva até a fazenda. Isso, quando os homens têm documentos.

Dali em diante, o jogo é duro: tudo de que precisam, de ferramentas de trabalho a comida, de um lugar onde dormir a roupas, é fornecido pela fazenda — mas tem seu preço. O salário que eles recebem, quando recebem, não é suficiente para pagar a dívida, que não para de crescer, e o trabalhador se transforma em refém do patrão. Entra mês, sai mês, ele deve cada vez mais, não tem nada a receber, e a espiral é sem fim. Uma armadilha que pode ser fatal: muitos dos que tratam de escapar acabam mortos. Segundo a Comissão Pastoral da Terra, entre 1980 e 2001 pelo menos cem trabalhadores que tentaram fugir das fazendas onde eram mantidos em regime de escravidão foram mortos.

Quem conhece a armadilha trata de evitá-la. Há também os que se organizam, reivindicam, ocupam terras ociosas. É contra eles que se desata a fúria dos grandes proprietários, legais ou ilegais, de grandes parcelas de terra do Pará. Mas a cada semana continuam chegando braços famintos, e muitos deles deslizam para a armadilha.

Estudos da Organização Internacional do Trabalho mostram o que na região todos sabem: que a fonte dessa mão de obra vitimada pelo sistema de escravidão se concentra basicamente em dois estados do norte miserável, Maranhão e Piauí. Quase todos são desempregados expulsos pelas cidades, que não encontram trabalho ou terra para trabalhar e acabam se dirigindo às regiões dos grandes empreendimentos agrícolas da Amazônia, em especial no Pará.

Muitos tentaram antes a sorte nos garimpos, vagando de déu em déu à procura da salvação dourada. Acabaram de mãos e vida vazias,

O MASSACRE

atraídos pela promessa vã de trabalho nas grandes fazendas e nos empreendimentos agrícolas e pecuários da região.

Eles são parte da rede de mananciais que fornece braços ao regime da servidão mais absoluta. Homens que, depois de muito perambular, acabam se unindo aos movimentos que reivindicam terra, principalmente ao mais organizado deles, o MST — Movimento dos Trabalhadores Rurais Sem Terra.

Alguns dos acusados de manter trabalhadores em regime de escravidão aparecem nas listas dos maiores proprietários de fazendas de gado de todo o norte do Brasil. Outros são donos de enormes fazendas de castanha-do-pará ou de soja. Nenhum jamais foi preso. Boa parte deles nem sequer pagou as multas impostas pela Justiça.

Em julho de 2004, uma das mais poderosas famílias do estado — a Mutran — recebeu aquela que foi, até então, a maior multa aplicada em casos de trabalhadores em regime de escravidão pelo Ministério Público do Trabalho: 1,35 milhão de reais, o que equivalia, na época, a 435 mil dólares.

O destinatário da multa foi a Jorge Mutran Exportação e Importação, uma das principais empresas de agronegócio do Pará, e a razão foi a reincidência de manter trabalhadores em regime de escravidão numa das fazendas do grupo, a Cabaceiras, a uns 25 quilômetros de Marabá.

A família Mutran, aliás, aparece em várias listas da Secretaria de Inspeção do Trabalho, do Ministério do Trabalho. Não é a única, desde logo, mas é emblemática de uma realidade perversa.

Em outras duas fazendas do grupo, a Peruano e a Mutamba, foram encontrados trabalhadores escravos, e isso em várias ocasiões, entre 2000 e 2003.

A Cabaceiras é uma fazenda imensa, cortada pelo asfalto da rodovia PA-150. No total, são 10 mil hectares. Desde 1999, parte dessa extensão é ocupada por famílias de migrantes organizadas pelo MST.

32

UMA IMENSIDÃO DE TERRAS E DE VIOLÊNCIA

A partir de abril de 2005, a Peruano, contraponto perfeito de avanços tecnológicos do agronegócio com a degradação do trabalho, que submete os homens à sordidez, está com suas terras parcialmente ocupadas por integrantes do MST.

É fácil imaginar o grau de tensão permanente entre os que reivindicam a desapropriação judicial da terra que ocupam e os que controlam o restante da área.

A Peruano é considerada uma fazenda moderna, que conta com tecnologia avançada em suas atividades de inseminação de gado e posterior venda de embriões da raça nelore. Além de tecnologia de ponta, a Peruano também apresentava, sempre de acordo com o Ministério do Trabalho, um quadro de arrepiar: crianças trabalhando sem nenhuma proteção, empregados vivendo ao relento, sem lugar para comer — comiam ao ar livre —, sem água potável (bebiam dos córregos contaminados por pesticidas, inseticidas e outros tipos de venenos) e sem direito a instalações sanitárias, amontoados em alojamentos que eram uma coletânea primorosa de atentados à dignidade e à saúde.

Os fiscais do Ministério do Trabalho registraram, em seu relatório, que "os bois tinham uma pessoa para lavar o cocho todos os dias, havendo cuidado com suas condições sanitárias", quer dizer, o contrário do que acontecia com os homens.

Na Peruano, em 2003, foram libertados 54 trabalhadores que viviam em regime de escravidão. Esta é apenas uma pequena amostra do que acontece por lá.

É bem verdade que, no começo de 2005, uma série de liminares expedidas por tribunais da Justiça Federal livrou os proprietários de nove fazendas da longa lista de 163 autuações impostas pelo Ministério do Trabalho, que os impedia de receber financiamentos de bancos públicos.

No final de 2006, a nova lista do ministério envolvia 204 empresários rurais em todo o país. Só naquele ano, foram incluídos 52 novos nomes à lista. Mas aos nove empregadores antes protegidos por medidas judiciais

O MASSACRE

somaram-se outros 25, fazendo com que no total 34 nomes ficassem de fora, amparados pela liminar determinada pela Justiça Federal e pela Justiça do Trabalho.

Seus nomes não puderam constar da lista, mas isso não impede a aritmética óbvia: no total, pelo menos 238 empregadores mantinham trabalhadores sob regime de escravidão em treze estados brasileiros. Entre esses empregadores havia de tudo: produtores de álcool que escravizam trabalhadores na colheita, produtores de soja e algodão que usam escravos para limpeza de terreno e plantio e, claro, homens usados na derrubada ilegal de mata nativa para ampliação de pastos.

Para quem chega a essa região sem outro destino que a fome e acaba enganchado na miragem do trabalho que os faz escravos, para quem padece as consequências, a situação permanece a mesma. Quando são libertados, recebem o direito a indenizações e compensações trabalhistas. O direito. O dinheiro quase nunca chega a eles.

Entre os beneficiados pela anistia parcial, e com ela a permissão para tornar a receber financiamento de bancos públicos, estavam Reinaldo Zucatelli, da fazenda Guapirama, que na época foi a recordista em número de trabalhadores libertados (135), e também Evandro Mutran, da fazenda Peruano, além da empresa Jorge Mutran Exportações, dona da fazenda Cabaceiras.

O envolvimento dos Mutran com os conflitos na região sul do Pará se estende longe. Dados da Comissão Pastoral da Terra em Marabá mostram que, entre 1976 e 1984, quase metade dos conflitos aconteceu em áreas controladas pela família.

Suas atividades, porém, não se limitam à terra: ao longo dos últimos muitos anos, ganharam destaque deputados estaduais, prefeitos, vereadores e até uma juíza que levam o sobrenome Mutran.

Evandro Mutran está entre os maiores criadores individuais de gado da raça nelore no Brasil. Também encabeça a lista dos maiores produtores de castanha-do-pará, exportada para os Estados Unidos, a União Europeia e vários países da Ásia.

UMA IMENSIDÃO DE TERRAS E DE VIOLÊNCIA

Seu primo, Benedito Mutran Filho, foi presidente da Associação de Exportadores de Castanha do Brasil, além de ser proprietário de pelo menos 45 mil cabeças de gado em 2004.

Outro primo, Nagib Mutran Neto, chegou a prefeito de Marabá. Antes, o pai de Nagib, Osvaldo, também havia sido prefeito de Marabá, sem ter tido um voto sequer: foi nomeado nos tempos da ditadura.

Mas não é por isso que Osvaldo, que atende pelo apelido de Vavá, se tornou conhecido de todos: a fama veio depois de ter matado um fiscal da Receita Federal que não concordou em deixá-lo passar por uma barreira de controle com gado sem registro. E não parou aí: em 2002, Vavá deu um tiro na cabeça de um menino que brincava na frente da sua casa em Marabá.

Foi permitido — o sistema judiciário e suas peculiaridades neste país chamado Brasil funcionam assim — que aguardasse o julgamento em liberdade, e em liberdade ele continuava pelo menos até o final de 2005.

Nagib Neto, quando prefeito, costumava usar crianças para varrer as ruas de Marabá. Criticado, trocou as crianças por jovens maiores de 16 anos. Acabou sendo afastado da prefeitura por corrupção.

Somem-se todas essas extravagâncias, e se terá uma ideia aproximada do tipo de proprietário que utiliza o trabalho escravo em suas terras, e dos métodos que muitas vezes são aplicados para resolver conflitos.

Não se trata — vale reiterar — de um exemplo solitário e isolado. São muitos os grandes empresários e muitas as famílias poderosas que agem dessa forma.

Não existem estatísticas totalmente confiáveis do resultado desse turbilhão de desmandos, dessa violência que alguns proprietários eternamente envolvidos com a Justiça são capazes de desatar e promover.

O mais espantoso, em todo caso, é que não se pode confiar totalmente nas cifras porque existem indícios concretos de que na verdade o número de vítimas costuma ser *superior* aos que surgem nessas estatísticas.

O MASSACRE

Um cuidadoso estudo realizado pelo advogado Ronaldo Barata, um veterano conhecedor das mazelas paraenses, indica que, entre 1980 e 1989, pelo menos 578 pessoas foram mortas em disputas por terra no Pará. Mais de um morto por semana.

Esse estudo se transformou num livro, *Inventário da violência: crime e impunidade no campo paraense*, publicado em 1995. A propósito: Ronaldo Barata trabalhou para o Instituto Nacional de Colonização e Reforma Agrária (Incra) e presidia o Instituto de Terras do Pará (Iterpa), em abril de 1996. Ele sabe, de perto, como essas coisas costumam ocorrer.

Acontece que o próprio autor reconhece que seu trabalho, baseado em documentos da Comissão Pastoral da Terra, da Conferência Nacional dos Bispos do Brasil (CNBB), de sindicatos de trabalhadores rurais e em arquivos de imprensa, está distante da realidade: naqueles anos, o mais provável é que o número de mortos tenha sido maior.

Nos anos seguintes a violência persistiu e, em vários períodos, aumentou de maneira contundente. Muitos foram mortos em locais ermos. Também por isso, as informações chegam tarde e truncadas, os boletins policiais são vagos — e, no fim, as listas de vítimas se restringem a apenas uma parte do total de mortes que efetivamente ocorreram.

Seja como for, um exame rápido de *Inventário da violência* — e de outros estudos semelhantes — é suficiente para que se tenha uma ideia do panorama de lá.

Houve períodos em que os conflitos se tornaram mais agudos. Em dois anos — 1984 e 1985 —, a estatística dos assassinatos chegou a quase dez por mês. Um a cada três dias. Depois, vieram temporadas de aparente tranquilidade: em 1988, por exemplo, os mortos em disputas de terras foram 33. E no ano seguinte, 28: um por quinzena. O que significa a paz, ou quase, nesse território violento do mapa brasileiro e sintetiza, de maneira clara e exemplar, as mazelas e desmandos quando se trata da terra deste país sem limite.

UMA IMENSIDÃO DE TERRAS E DE VIOLÊNCIA

Em dezembro de 2005, um balanço divulgado pela Pastoral da Terra registrava 37 assassinatos no campo brasileiro entre janeiro e novembro daquele ano. Desse total, 16 ocorreram no Pará.

Mas os integrantes da Pastoral da Terra também advertem: suas contas, apesar de rigorosamente comprovadas, certamente ficaram abaixo da realidade.

É quase impossível chegar a um número fechado sobre quanta gente é morta no Brasil a cada ano por reclamar terra e incomodar os poderosos. Aliás, essa enxurrada de números chega a marear, mas cada cifra, cada estatística, torna-se essencial para que se tenha uma visão aproximada do grau de brutalidade e devastação registrado no Pará.

A mesma Pastoral da Terra, nesse mesmo relatório, diz que entre 1985 e 2004 foram mortos em todo o Brasil 1.399 trabalhadores rurais. Entre 1971 e 2004 foram assassinados, somente no Pará, 772 camponeses e ativistas de direitos humanos. A maioria dessas mortes — 574 — aconteceu no sul e no sudeste do estado.

Para deixar claro até que ponto a violência é rotina, o documento mostra que entre 1971 e 1985 foram 340 assassinatos ocorridos no Brasil. Entre 1986 e 2004, os mortos foram 432. É um padrão de violência permanente.

Em 2004, foram registrados no país pelo menos 1.543 conflitos por causa de terra — quer dizer, nove a cada dois dias, pouco mais de quatro por dia, um a cada seis horas. Pelo menos 386 mil famílias — mais de 1 milhão de pessoas — tiveram algum envolvimento nesses conflitos.

Em todo o país, entre 1985 e 2005, foram abertos pelo menos 1.024 processos judiciais por mortes no meio rural brasileiro, sempre em disputas pela posse da terra. Cinquenta por ano, em média: um por semana, ou quase.

A marca da impunidade é evidente. Sempre de acordo com a Pastoral da Terra, entre 1985 e 2004, o número de conflitos ou emboscadas que tiveram como causa disputas por terras chegou a 1.043, e resultou em

O MASSACRE

1.399 assassinatos. Disso tudo, apenas 77 casos chegaram a julgamento: cerca de 7%. De cada dez réus, oito continuavam em liberdade. Foram identificados os mandantes, e deles, quinze foram condenados e seis, absolvidos. Dos condenados, nenhum ficou preso muito tempo.

No caso específico do Pará, de todos os crimes ocorridos, somente 28% foram investigados pela polícia.

O número de famílias expulsas de suas terras por pistoleiros contratados por fazendeiros se multiplica ano a ano. A cada crime que se transforma em escândalo — o assassinato da freira norte-americana Dorothy Stang, em fevereiro de 2005, no Pará, é um exemplo — ressurgem, reforçados, os brados de alerta.

E nada mais: a violência continua correndo solta, as listas com os nomes dos ameaçados se reproduzem com macabra rotina, todos sabem quem são os avisados de morte, e quando alguém mais conhecido cai assassinado, redobram-se os protestos.

Para impedir novas mortes, faz-se quase nada — se é que se poderia fazer alguma coisa concreta contra essa cadeia em que um elo leva a outro, e todos levam à impunidade. A única lei que realmente funciona é a da força, da pistola, dos disparos vindos de algum lugar e dando sempre no alvo certo.

Convém recordar que há leis sobre porte de arma no país onde se localiza o Pará. Mas, da mesma forma que a História não é levada em conta quando se trata da abolição da escravatura, as leis sobre posse, uso e porte de armas são olimpicamente ignoradas por lá.

Bom exemplo disso pode ser constatado em hotéis de Marabá. Atrás da porta do quarto onde me hospedei havia um desses típicos quadros de avisos comuns em todo o mundo. O hóspede fica sabendo que é proibido cozinhar no quarto, ou usar ferro de passar. É advertido de que visitas de pessoas de sexo oposto são proibidas.

UMA IMENSIDÃO DE TERRAS E DE VIOLÊNCIA

Mas, além dessas restrições singulares, o hotel adverte que não se responsabiliza por objetos de valor deixados no quarto, e para não deixar dúvidas estampa uma relação de tudo que deve ser entregue à guarda do estabelecimento: joias, dinheiro, cartões de crédito, aparelhos eletrônicos, como rádios ou gravadores, e também câmaras fotográficas, de vídeo, armas e munições — assim, no plural.

Quer dizer: *armas e munições* podem ser considerados objetos rotineiros na bagagem de turistas e viajantes.

Nessa atmosfera em que a lei mais eficaz é a de quem tem armas, é fácil entender que haja pessoas vagando pelo interior do Brasil — ativistas, líderes de movimentos de reivindicação — transformadas em mortos ambulantes. Seus nomes estão em listas de condenados, conhecidas por todos. Um belo dia, de um momento a outro, passam desta para outra lista. Quer dizer: deixam a lista dos ameaçados, passam para a dos mortos. Assim de simples, assim de fácil: o ameaçado vira morto, e não acontece mais nada.

Pelo Brasil afora, é mais perigoso matar um boi do que um homem. Os matadores de gado costumam ser perseguidos, apanhados e punidos. Os de homens continuam impunes.

Entre 1985 e 2005, a cada cinco dias alguém foi morto por um pistoleiro contratado por algum fazendeiro em algum lugar do Brasil. Nesses vinte anos, 1.400 mortos. Uma vez mais, o campeão dos assassinatos — e da impunidade — é o Pará.

A lista dos ameaçados em todo o Brasil é conhecida, e sofre mudanças pontuais: só se sai dela morto. Em seguida, outro nome entra para mantê-la da mesma forma.

Quando ocorre algum crime mais sonoro — e, de novo, cabe recordar o assassinato da freira norte-americana Dorothy Stang ou do seringalista Chico Mendes —, providências parecem ser tomadas. Parecem: os entraves burocráticos, a lentidão da Justiça, os desvios da corrupção,

O MASSACRE

tudo contribui para que as coisas voltem ao seu leito natural, ao seu ritmo de sempre.

Existem sombras evidentes pairando sobre os grandes ameaçados. Por exemplo: o religioso francês Henri des Roziers, nascido em 1920, que além de frei é advogado e um dos líderes da Comissão Pastoral da Terra. Ele chegou ao sul do Pará em 1991, e quase de imediato passou para a lista dos ameaçados.

"Meus companheiros têm muito mais medo do que eu", disse ele numa entrevista em fevereiro de 2005. "Vejo tudo isso de maneira simples: tenho 75 anos e, no dia do meu aniversário, um jornal deu a notícia de que minha cabeça está valendo 100 mil reais [cerca de 37 mil dólares, na época]. Mas não tenho medo. Achava assim: 'na minha idade, e sendo religioso, estrangeiro, advogado, apoiado pelas autoridades federais, com proteção da polícia do Pará, não vão fazer nada além de ameaças'. Claro que, depois do assassinato de Dorothy Stang, precisei repensar tudo isso. Mas continuo sem medo. Tenho um trabalho a ser feito, quero viver plenamente o que posso viver agora."

Frei Henri era amigo da freira Dorothy Stang. Esteve com ela dois meses antes que fosse morta. Sabe dos perigos que corre. Sabe dos mecanismos de lentidão que atravancam as ações de uma polícia comprometida, de uma Justiça muitas vezes corrompida. De uma espécie de acomodamento generalizado. Ele sabe, seus companheiros de militância e trabalho sabem, as autoridades sabem, os meios de comunicação também.

Quer dizer: todo mundo sabe. E tudo continua na mesma.

No começo de 2005, ele perambulava pelo interior do Pará acompanhado sempre por dois soldados da Polícia Militar, uma tropa estadual que vive sob a permanente suspeita de ceder homens às milícias particulares contratadas por fazendeiros, madeireiros e também por grandes empresas para trabalhos de segurança que se resumem a se livrar de personagens incômodos.

UMA IMENSIDÃO DE TERRAS E DE VIOLÊNCIA

Frei Henri não pediu nada: a proteção foi decidida pelo governo do Pará. Havia ainda a oferta do Ministério da Justiça de mandar proteção da Polícia Federal.

Ele agradeceu, disse que não: "Muito mais importante do que me proteger é ir atrás da causa mais profunda do problema, que é a reforma agrária que não está andando", respondeu.

A cada tanto, voltam as denúncias, as suspeitas: no Pará, funcionaria uma espécie de consórcio do crime. Sua função seria arrecadar fundos para combater o trabalho de gente como frei Henri, como a irmã Dorothy, como os ativistas dos direitos dos que nada têm. Madeireiros, fazendeiros, proprietários ilegais de terras públicas se reuniriam ocasionalmente para juntar fundos e contratar pistoleiros cuja função seria limpar a área, ou seja, assassinar estorvos.

Claro que nada é formal, claro que nada jamais foi provado. Cada vez que a vítima da vez merece destaque nos meios de comunicação, as autoridades agem — ou fazem que vão agir. Depois, volta o descalabro.

No começo de 2005, logo após o assassinato da religiosa Dorothy Stang, os jornais brasileiros publicaram o que seria a tabela de preços cobrados pelos pistoleiros contratados pelos grandes proprietários de terras para eliminar tropeços e obstáculos.

Assim, na edição da sexta-feira, 18 de fevereiro de 2005, o jornal *O Estado de S. Paulo* avisava, a quem pudesse interessar, que a vida de um líder de assentamento de camponeses sem-terra valia pouco menos que o equivalente a 2 mil dólares; um pistoleiro morto por outro, para não denunciar seus patrões, tinha melhor preço: era coisa para pouco mais de 2.500; um sindicalista de certa relevância valia uns 4 mil dólares; um vereador, pouco mais de 5 mil.

Finalmente, segundo essa tabela informal que ninguém admite ter visto jamais, que não circulava impressa mas era parte de um pacto de muitos silêncios, ficava estabelecido que o preço de um político de destaque, de um dirigente de grupos de sem-terra ou de um padre começava

41

O MASSACRE

em 10 mil dólares e podia chegar, em casos excepcionais como o de frei Henri des Roziers, a 40 mil, o dobro do que teria sido pago para matar Dorothy Stang.

Há indícios, dizem tanto advogados de militantes de movimentos sociais como a própria Polícia Federal, de que funcionam no Pará vários consórcios que arrecadam fundos para contratar pistoleiros cuja missão é limpar o terreno, ou seja, matar lideranças incômodas.

Esses consórcios seriam integrados por fazendeiros, exploradores ilegais de madeira, usurpadores de terras públicas. Existiriam também as milícias, grupos que trabalham como segurança de grandes fazendas e empresas, formadas por policiais militares ou ex-integrantes da PM.

E, finalmente, as empresas de segurança — encobertas por véus de legalidade, com registro formal. Uma delas, bastante conhecida por volta de 1995, chamava-se Sacramento. Entre seus clientes mais importantes constava a Companhia Vale do Rio Doce, na época, uma estatal. Entre seus donos aparecia Paulo Sette Câmara, que, por coincidência (ou não), ocupava a Secretaria de Segurança Pública do Pará.

Jamais surgiu prova alguma da existência desses consórcios da morte. Ao mesmo tempo, e num contraponto de horrores, jamais se deixou de mencionar essa possibilidade.

A corrupção da Polícia Militar, da Polícia Civil, de membros do Poder Judiciário, de funcionários públicos, de tabeliães e cartórios que se dedicam ao registro de títulos de propriedade de terra é considerada fator que contribui, e muito, para a manutenção do estado de tensão permanente entre os que reivindicam terras para trabalhar e os que se dedicam a defender seu direito de avançar, com sanha desmesurada, sobre vastas áreas públicas.

Conhecedor desses meandros da violência, o advogado Ronaldo Barata conta que nos anos 1980 e 1990 esses consórcios da morte agiam com mais liberdade. Após 1996 — mais especificamente, depois do massacre dos sem-terra em abril — as atividades diminuíram sensi-

UMA IMENSIDÃO DE TERRAS E DE VIOLÊNCIA

velmente, e passaram a ser mais seletivas em seus alvos. Diminuíram, mas não desapareceram.

Uma vez mais, como pano de fundo, persiste uma questão que se arrasta pelos tempos afora: a reforma agrária.

No Brasil, a bandeira da reforma agrária tem sido tema de inflamados discursos e agitados movimentos desde pelo menos meados do século XX. E até agora, nada mudou. Em 2006, por exemplo, um detalhado e cuidadoso relatório do Instituto Brasileiro de Geografia e Estatística — o IBGE — indicava que pertenciam a uma casta exclusiva, composta por 1% da população com maior poder aquisitivo, as 35 mil famílias que, de uma forma ou de outra, eram proprietárias de 46% das terras do Brasil. E que, naquele ano, havia nada menos que 4 milhões de famílias — ou seja, pelo menos 16 milhões de pessoas, quase 10% da população — que perambulavam, ao léu, à espera de que alguma força, algum poder, alguém, desse a elas o direito de um chão para plantar, colher, viver.

Este, aliás, é um problema que ao longo dos tempos se torna cada vez mais agudo no Brasil: naquele 2006, último ano do primeiro governo de Luiz Inácio Lula da Silva, o balanço de uma gestão iniciada em 2003 indicava que as ocupações de terra, em todo o país, haviam aumentado 45% quando comparadas às ocorrências registradas entre 1999 e o final de 2002, segundo governo de Fernando Henrique Cardoso.

Ao mesmo tempo, no final de janeiro de 2007, um relatório do Ministério do Desenvolvimento Agrário registrava que no mesmo período (2003-2007) o governo de Lula da Silva havia assentado 381.419 mil famílias, um número muito próximo (95,3%) do prometido em sua campanha eleitoral de 2002 (assentar, em quatro anos, 400 mil famílias). O mesmo relatório indicava que em um único ano, 2006, haviam sido assentadas 136 mil famílias, marca histórica.

Como ocorre a cada ano, quando se divulgam os números oficiais da reforma agrária, uma vez mais o relatório foi contestado, principalmente pela Confederação Nacional dos Trabalhadores na Agricultura,

O MASSACRE

a Contag. Números teriam sido manipulados de novo, numa rotina de desencontros. Os critérios de avaliação da Contag e do MST são diferentes dos que balizam as contas do governo.

Para o governo, consideram-se assentadas as famílias que tiveram suas terras entregues ou regularizadas, ou seja, que receberam documentos de posse cuja legalização estava pendente, ou as que foram formalmente assentadas em áreas que estavam ocupadas mas não regularizadas como assentamentos.

Para a Contag e o MST, o que conta é a entrega de novas terras devidamente regularizadas, sem incluir as áreas que estavam pendentes de formalização legal.

Seja como for, a preocupação e o tema continuam intocados: a questão da reforma agrária sobrevive aos governos e aos calendários.

Existem, aliás, antecedentes curiosos, que vêm de muito antes, dos tempos da colonização. A divisão do Brasil em quatorze capitanias hereditárias foi, já em 1530, uma clara aplicação de leis que regulamentavam a ocupação e a divisão das terras pertencentes à Coroa portuguesa.

No fundo, o que se pretendia, ao tentar estabelecer um regime legal de ocupação das terras no Brasil, era reeditar o modelo utilizado em Portugal desde 1375, quando uma lei de Dom Fernando I, que reinava na época, determinou que terras divididas e não cultivadas deveriam retornar à Coroa.

No Brasil, quem recebia o direito de posse e uso dessas terras, os *donatários*, era obrigado a pagar tributos a Portugal. Podia ocupar 20% da extensão recebida, e os outros 80% eram divididos em *sesmarias*. O primeiro documento outorgando uma *sesmaria* é de 1534. Foi o primeiro registro, a primeira escritura de propriedade.

A ideia era, além de ocupar e cultivar terras, atrair colonos vindos de Portugal. As sesmarias foram anuladas quando o Brasil proclamou-se país independente e instalou-se o Império, em 1822.

Sete anos depois, em 1829, o padre Diogo Feijó propôs ao recém-instalado Império brasileiro uma regulamentação do parcelamento das

UMA IMENSIDÃO DE TERRAS E DE VIOLÊNCIA

terras que conformavam as sesmarias. Propunha o padre Feijó que os sesmeiros deveriam cultivar as terras durante dez anos. Se na metade desse prazo não tivessem feito nada, deveriam vendê-las a quem se comprometesse a cultivá-las.

Quer dizer: desde aquele tempo havia preocupação com as terras não utilizadas no país, e buscava-se alguma solução para entregá-las a quem quisesse nelas trabalhar.

Passados quase dois séculos, é na vasta região amazônica que se encontra uma espécie de armazém onde foram depositados os exemplos mais nítidos do fracasso, da injustiça e da inoperância da parte de governos que se sucedem ao longo dos tempos, e da distância que separa tudo isso da manutenção do sonho de quem reivindica terra para trabalhar.

Em 1970, no auge da ditadura militar que governou o país durante 21 anos a partir de 1964, o general de turno, Emílio Garrastazu Médici, lançou seu Plano de Integração Nacional, que teve efeitos concretos na Amazônia, mas não para os sem-terra.

Para começar, foi feita uma análise dos campos e seus proprietários. E rapidamente verificou-se que no Pará quase não havia propriedades particulares com titulação capaz de ser minimamente reconhecida nos termos da lei.

A partir dessa constatação, imensas quantidades de terras foram incorporadas ao plano do governo, como se fossem o que realmente eram: propriedade pública. Surgiram projetos faraônicos, entre eles o de uma longa estrada — a Transamazônica — que em boa parte nasceu condenada a ser aberta e em seguida devorada pela vingança da selva.

Houve momentos de acelerada colonização. Vastas extensões daquelas terras foram entregues, acompanhadas de generosos incentivos fiscais, a projetos de agronegócio encabeçados por gigantes da indústria privada, como a Volkswagen ou a Liquigás, entre as estatais, como a Companhia Vale do Rio Doce, ou do mercado bancário, como o Bradesco e o Banco Real.

45

O MASSACRE

Quanto mais acelerada era essa distribuição generosa de terras públicas às corporações, mais crescia a devastação, o desemprego nos campos, a miséria e a violência. E, ao mesmo tempo, crescia em turbilhão a ocupação ilegal, por parte de especuladores, de grandes extensões de terra — a mesma terra pública.

Cálculos de organismos internacionais de defesa do meio ambiente, ao amparo da Organização das Nações Unidas, dão uma boa ideia das dimensões dessa catástrofe.

Entre 1970 e 2006 a exploração descontrolada feita por empresas madeireiras, criadores de gado, plantadores do que fosse, ou saqueadores do que houvesse, fez com que desaparecesse na Amazônia uma extensão de selva equivalente a uma França inteira, quase igual ao território ocupado por Minas Gerais, mais de cinco vezes maior que Santa Catarina.

Uma vez mais, o Pará se destaca neste inventário de amargor: nesses 36 anos foi devastada uma área do território paraense que corresponde às superfícies de Portugal, Suíça, Áustria e Holanda *somadas*.

Tudo isso de selva foi tombado em menos de quarenta anos.

Em janeiro de 2007, um novo mapeamento feito por satélite e revelado num estudo do Instituto Brasileiro de Geografia e Estatística — o IBGE — confirmava que, na vasta área chamada de Amazônia Legal, e que inclui regiões do Acre, Pará, Amazonas, Amapá, Roraima, Rondônia, Mato Grosso, Maranhão, Tocantins e Goiás, foi em território paraense que se registrou a maior devastação. Dos dez municípios mais afetados, seis estão no Pará. Entre eles, Marabá.

Ao divulgar o estudo, o diretor de Geociências do IBGE, Guido Gelli, disse que o desmatamento no sul do Pará está diretamente ligado ao crescimento da ocupação da terra pela pecuária.

No governo do presidente Luiz Inácio Lula da Silva, a destruição diminuiu. Mas, ainda assim, nos quatro anos de sua primeira presidência (2003-2006), foram devastadas no Brasil áreas que correspondem a uma Irlanda — ou quatro vezes o tamanho de Sergipe. A cada minuto do

UMA IMENSIDÃO DE TERRAS E DE VIOLÊNCIA

primeiro governo de Lula da Silva desapareceram, na Amazônia, áreas equivalentes a oito campos de futebol. *A cada minuto.*

Além da saga destroçadora, uma outra praga reina, impune ou quase, sobre toda aquela região: a posse ilegal da terra. O volume das fraudes nos registros de imóveis ao longo e através de todo o mapa amazônico, muito especialmente no estado do Pará, é assombroso.

Com a indispensável cumplicidade de funcionários públicos, desde sempre alguns fraudadores obtiveram mais de mil títulos de proprietários no estado, sem que ninguém conseguisse deter a avalanche. Essas terras foram depois vendidas e revendidas, a tal ponto que, a partir dos anos 1980, tornou-se quase impossível dizer quem são os verdadeiros donos de amplas faixas do Pará.

Enquanto a discussão burocrática sobre a validade de papéis imprestáveis continua, persiste a devastação e permanece, intacta, a violência. Muitos pequenos agricultores que viviam do cultivo da castanha foram sumariamente expulsos pelos invasores. Perderam a terra em que trabalhavam fazia anos e viram como a selva foi arrasada: a exploração ilegal da madeira acontece à luz do sol e dos olhos omissos de quem só não vê porque não quer.

De tanto se multiplicar a terra através de títulos falsos, alguns municípios do Pará têm registrada, nos cartórios, uma extensão muito maior do que a que cabe dentro de seus limites geográficos oficiais.

Muitas vezes, ao reclamar a devolução dessas terras, os sucessivos governos do Pará, e também seguidos ocupantes do governo federal, pagam aos fraudadores indenizações que multiplicam o valor verdadeiro de áreas que, na realidade, já eram públicas. Passa um tempo e essas mesmas terras tornam a aparecer como propriedade particular, em nome de novos donos.

O mais comum é que essa privatização da propriedade pública pela via da fraude seja feita a partir do despejo violento de pequenos agricultores que ocupavam terras de ninguém fazia anos.

O MASSACRE

No cruzamento dos destinos daqueles que querem terra para trabalhar e dos que a querem para a exploração desenfreada, perde sempre a parte mais fraca. A realidade — e seus desmandos — pode ser mil vezes mais imaginosa que a mais criativa das imaginações.

Por exemplo: desde 1975, funcionários do Iterpa, liderados pelo procurador estadual Carlos Lamarão, tentam desvendar um mistério: como foi possível que um personagem chamado Carlos Medeiros tenha se apropriado de 9 milhões de hectares de terras públicas no estado — uma área do tamanho de Portugal?

Carlos Medeiros é dono de uma carteira de identidade (92093-SSP/PA), de um CPF (034.992.182-34) e desse mundão de terras.

Tirando as terras — que existem —, todo o restante é falso. Carlos Medeiros não existe e jamais existiu, mas na verdade tem muitos pais e muitas mães: advogados, funcionários de vários governos do Pará, de órgãos do governo federal, de prefeituras, tribunais e cartórios.

Seu nome surgiu em meados dos anos 1970. Aparecia como herdeiro de dois portugueses mortos lá por 1855, que, por sua vez, seriam herdeiros de sesmarias, um tipo de propriedade que vigorou no Brasil até 33 anos antes.

Os dois portugueses em questão têm nome completo — Manoel Joaquim Pereira e Manoel Fernandes de Souza — e, segundo dizem os advogados, e acreditam vários juízes, ganharam sesmarias de donatários beneficiados pelos reis de Portugal na época em que o país disputava com a Espanha vastas áreas da América do Sul, a Amazônia inclusive.

Carlos Medeiros seria, então, herdeiro dos dois, e apareceu — ou melhor, apareceram em seu nome — reclamando a posse de mil títulos de propriedade que ninguém jamais viu (os títulos: as propriedades existiam, é claro, e eram terras públicas).

No final, existe um processo que divide 2.685 páginas distribuídas em oito volumes, e que assegura os direitos de Carlos Medeiros. Que, aliás, nunca apareceu, jamais foi visto: ele surge até hoje por intermédio de advogados e procuradores, e assim se fez dono de todas as terras que

UMA IMENSIDÃO DE TERRAS E DE VIOLÊNCIA

reivindicou, ou que foram reivindicadas em seu nome. Terras públicas, espalhadas por 32 municípios do Pará.

Esta, que é uma das fraudes mais escandalosas de todos os tempos no Brasil, continua a vigorar. As terras de Carlos Medeiros são, há anos, vendidas e revendidas. São conhecidos seus advogados e os juízes que, invariavelmente, asseguram seus direitos. Também seus sócios e os administradores de suas empresas são figuras palpáveis, concretas. Todos, é claro, continuam em liberdade.

Em dezembro de 2006, ou seja, 21 anos depois que o procurador Carlos Lamarão entrou nessa bizarra cruzada para mostrar o óbvio, a Justiça Federal do Pará anulou os documentos de propriedade de 44 fazendas localizadas na região do rio Xingu, e que somadas não caberiam dentro de Portugal.

Essas terras públicas já não estavam mais em nome de Carlos Medeiros, que aparecia como dono de nada menos do que 11% de todo o Pará: pertenciam a uma empresa chamada GNG Importação Exportação Limitada. Por ordem judicial, as terras deverão ser devolvidas à Fundação Nacional do Índio (Funai) e ao Instituto Nacional de Colonização e Reforma Agrária (Incra), dois órgãos do governo federal.

O mais curioso disso tudo é que a sentença judicial teve como ponto de partida uma ação movida pela GNG Importação Exportação *contra* o Estado brasileiro. É que o Incra havia incorporado ao patrimônio público, ou seja, tomado de volta, mais da metade das terras que estavam em nome da GNG, supostamente compradas de Carlos Medeiros.

A GNG recorreu à Justiça, reclamando qualquer coisa ao redor de 5 bilhões de dólares — sim: *bilhões* — a troco da terra e das madeiras de lei.

Pela primeira vez em 21 anos, a Justiça resolveu examinar o caso com a atenção devida, e o resultado final foi a denúncia de toda a fraude.

A GNG passou, de uma hora a outra, de reclamante a denunciada. Na sentença, o juiz federal Herculano Nacif constata que as terras são, de fato, públicas, e que os papéis apresentados careciam de qualquer resquício de validade.

Apesar de toda a clareza do veredicto, porém, a história não acabou aí: sempre existe a possibilidade de recurso a outros patamares da Justiça. Herculano Martins Nacif é juiz de primeira instância. Carlos Medeiros e tudo o que se refere a ele e às suas terras atuam em muitas outras instâncias.

Aliás, no mesmo processo, e em muitos outros, a própria Polícia Federal assegura que se trata de uma figura inexistente, com presença assegurada em um sem-fim de fraudes que se arrastam pelos tempos afora. Mas que continua ativa e atenta, à procura de juízes sensíveis aos seus argumentos sempre de alto valor. Os representantes legais dessa figura etérea chamada Carlos Medeiros nem sabem o que significa primeira instância. Só entendem de instâncias superiores, mais eficazes aos seus interesses e objetivos.

A figura fantasmal de Carlos Medeiros é exemplar, mas está longe de ser única. Há outras. Uma delas, bastante concreta, conhecida e reconhecida, e que circula livremente mundo afora, é palpável. Trata-se do empresário paraense Cecílio de Rego Almeida, que em comum com Medeiros tem ao menos um ponto: se diz dono de terras que, somadas, ocupariam uma extensão maior que as da Bélgica e Holanda juntas.

A primeira e principal diferença entre os dois é que Rego Almeida existe, e é proprietário de uma das empresas de construção mais fortes do sul do país, a CR Almeida. Vangloria-se, entre muitas outras coisas, de ser irmão de um ex-senador da República, Henrique Rego Almeida, especialmente bem relacionado nos meios políticos da região amazônica, a começar por Almir Gabriel, duas vezes governador do Pará.

Mas há outras diferenças. Ao contrário do silencioso e impalpável Medeiros, Rego Almeida costuma responder de forma contundente às suspeitas e acusações, e se faz presente nos tribunais, por intermédio

UMA IMENSIDÃO DE TERRAS E DE VIOLÊNCIA

de advogados ou ao vivo, cada vez que alguém se atreve a demonstrar que quase tudo que ele diz que possui são, na verdade, terras públicas, registradas em seu nome de forma olimpicamente irregular.

Nessas ocasiões, é comum — tão comum, que deixou de surpreender — Rego Almeida sofrer surtos de ira, referindo-se a procuradores da Justiça como "esses débeis mentais".

Coincidência ou não, as terras que ele diz serem suas abrigam a maior concentração de mogno de toda a Amazônia, e configuram uma das maiores reservas do mundo dessa madeira que é o produto de maior valor de toda a região. As exportações chegaram facilmente à casa dos 8 bilhões de dólares nos últimos anos. Oficialmente, a muito menos: é que cerca de 80% dessas exportações são puro contrabando, destinado principalmente aos Estados Unidos e à União Europeia.

Quando existe um sistema que permite e perpetua esse tipo de falcatrua, é mais fácil entender o que acontece no Pará. E, aliás, o que acontece no Brasil, um país de imensidões desertas de lei. Ou melhor, com leis que são manipuladas ao bel-prazer de um sistema judiciário que comparece ágil em defesa de Carlos Medeiros e fantasmas semelhantes, e silencia diante de outros fatos.

E, uma vez mais, impõe-se a devastação.

Empilhados lado a lado, os documentos e estudos que tratam do arrasamento da Amazônia formariam quase uma floresta.

Os números finais nunca estão atualizados, e por uma razão muito simples: devasta-se a cada mês, a cada dia, a cada hora, numa velocidade infinitamente superior à dos cálculos e levantamentos oficiais.

Como uma Penélope desvairada, que tece e destece com idêntica rapidez, os estudiosos do assunto consolidam os números de seus estudos e de suas pesquisas apenas para se darem conta de duas coisas simultâneas. Primeiro, que esses números, ao serem confirmados, já

O MASSACRE

estão superados — assim que são consolidados, já perderam a vigência. E segundo, que tudo continuará na mesma, com a devastação crescendo desbragadamente.

No final de 2005, foi divulgado um desses estudos. Realizado pela FAO (Organização das Nações Unidas para Alimentação e Agricultura), os números eram tão impressionantes como inócuos: não havia, num horizonte razoável, nenhum indício claro de que surgiriam mudanças concretas na situação.

O documento da FAO assegurava que, graças ao que acontece no Brasil, a América do Sul é o continente que mais desmata no mundo. Só no país, são 3 milhões de hectares perdidos a cada ano que passa. Quase o dobro de países que são especializados em assassinar florestas, como a Indonésia (1,8 milhão de hectares por ano).

Vinte e cinco por cento do total de florestas dizimadas por ano em todo o mundo cai no chão do Brasil.

É verdade que a metodologia utilizada pela FAO para tratar da questão das florestas volta e meia merece críticas e contestações de várias outras entidades responsáveis.

Não se trata, então, de entrar no mérito da metodologia aplicada, dos números e conclusões, que variam de um estudo a outro. Trata-se é de constatar que em todos os estudos, de todas as organizações e centros de pesquisa e investigação que se dedicam ao assunto, e por maiores que sejam as divergências, prevalece um consenso: desmata-se furiosamente no Brasil, na Amazônia em especial, e no Pará em particular.

A Amazônia brasileira é terra de ninguém, de muitos projetos ocos e palavras ao léu, de omissões abjetas e criminosas.

O que se vê pelo interior do Pará são imensos cemitérios a céu aberto, árvores calcinadas erguendo-se contra o nada, troncos estorricados espalhados entre pastos vazios, capinzais salpicados de palitos negros que

UMA IMENSIDÃO DE TERRAS E DE VIOLÊNCIA

se levantam como testemunhas caladas de um drama que não merece a atenção de ninguém.

No final de 2005, trabalhavam no interior do Pará — uma imensidão de terra, vale repetir, maior que a soma de Espanha, Itália e Alemanha — setenta fiscais do Ibama (Instituto Brasileiro do Meio Ambiente e dos Recursos Naturais Renováveis). Aliás, menos, bem menos: é que nem todos saíam para fiscalizar o campo. Os que circulavam pelo Pará eram cinquenta.

Claro que as informações que conseguem coletar são precárias, os recursos são ínfimos, e as consequências concretas de seu trabalho também.

É nesse estranho e brutal cenário de desmando, abandono e violência que se confrontam *posseiros* — os pequenos agricultores que têm a posse legal de terras em geral devolutas, mas não sua propriedade — e *grileiros* — os que falsificam títulos de terras e se tornam fazendeiros, criadores de gado, plantadores de soja ou madeireiros dedicados a devastar o mais rapidamente possível as matas do país que tem a segunda maior extensão de florestas em todo o mundo.

Aliás, é curiosa a origem do qualificativo *grileiro* para os usurpadores de terras alheias, em geral públicas: no começo, eram espertalhões que falsificavam documentos de propriedade que depois guardavam em gavetas ou caixas com grilos. Os insetos se encarregavam de corroer as bordas do papel e de manchá-lo com seus excrementos, dando a ele a aparência de um documento antigo. Sempre havia cartórios e juízes dispostos a reconhecê-lo como legítimo, a troco de alguns — ou muitos e generosos — tostões.

Claro que, com todos os avanços tecnológicos e o aperfeiçoamento dos caminhos da corrupção, tudo isso foi substituído pela informática e pela eficácia das transferências bancárias. Mas, no fundo, o sistema é o mesmo: frauda-se a documentação, busca-se o funcionário corrupto, registra-se o imóvel.

O MASSACRE

Os conflitos se sucedem e não há nada no horizonte que permita vislumbrar algum sossego. Nesse confronto, a vida de um homem vale menos que a de uma vaca e muito menos que a de uma touceira do que seja.

As milícias privadas dos fazendeiros e *grileiros* são formadas debaixo do olhar silencioso das autoridades, e estão coalhadas da participação de policiais militares. Trabalhadores rurais, dirigentes sindicais do campo, religiosos, advogados, ambientalistas e militantes em defesa dos direitos humanos costumam ser as vítimas preferenciais.

No cenário de violência do campo brasileiro, o Pará se consolidou como o principal produtor de mortos. Entre 1994 e 2004, pelo menos 173 pessoas foram assassinadas, outras 501 viveram sob permanente ameaça de morte, e houve pelo menos 837 conflitos violentos entre pistoleiros a serviço dos latifundiários e agricultores.

Considerando-se a estatística desse horror, o Pará surge, disparado, como paladino e estandarte: 45% dos trabalhadores rurais assassinados no Brasil a cada ano foram mortos ali, em meio ao vendaval de violência cuja dinâmica não cessa.

Em 1996, a participação do Pará no total de trabalhadores rurais assassinados no país alcançou o seu auge: 72%.

Isso se deveu principalmente ao que aconteceu por volta das cinco da tarde da quarta-feira, 17 de abril, quando 155 policiais militares abriram fogo contra 2.500 trabalhadores sem-terra que haviam bloqueado uma estrada nos arredores de Eldorado do Carajás.

Quando cessou a metralha, havia dezenove mortos e 69 feridos (três deles morreram tempos depois, em consequência dos tiros).

E havia também uma data consagrada: a partir daquela tarde, o 17 de abril passou a ser o Dia Mundial da Luta pela Terra.

O PREÇO DE UM SONHO

A vida é levada em ritmo de valsa na Vila 17 de Abril, que na verdade nem se chama assim: é só o núcleo urbano do assentamento 17 de Abril, instalado em terras que um dia pertenceram à fazenda Macaxeira, no sul do Pará. Há também os que preferem outra denominação: agrovila.

Mas para todo mundo que mora ali e nas vizinhanças, o nome é mesmo Vila 17 de Abril.

Então, a vida é levada em ritmo de valsa na Vila 17 de Abril, uma pequena e ordenada cidadezinha de nada, a pouco mais de 100 quilômetros de Marabá, que é a grande cidade da região, porta de entrada para o sul do Pará, e a uns 15 de Eldorado do Carajás, um lugar pobre e feio, sem graça nenhuma em suas ruas de terra com seu comércio de pobres, mas que conta com pelo menos um privilégio: fica no entroncamento de duas estradas estaduais importantes e sem nome, a PA-150 e a PA-276, esburacadas, mal sinalizadas, perigosas — mas asfaltadas. No município inteiro vivem umas 40 mil pessoas. Eldorado do Carajás é, na verdade, um município jovem: foi criado em 1993, seis anos depois da desativação final do garimpo de Serra Pelada.

O caminho para a Vila sai desse asfalto da PA-276. É uma estrada de terra, que passa por algumas propriedades que mostram ares de certa bonança — casas boas, sólidas, gramados cuidados, uma camionete razoavelmente nova estacionada na entrada de uma delas — e outras que lembram uma vida mais singela.

Tudo, já nessa estrada de terra, faz parte do assentamento. Tanto a bonança, que na maioria das vezes é de quem se instalou depois de ter comprado terras de assentados, como a simplicidade, que se torna ainda mais simples quando se chega à Vila.

Logo que se entra na estrada de terra, à esquerda, há uma casa vistosa. Seu dono veio do garimpo, onde foi bem-sucedido. Comprou o lote de um assentado e lá ficou.

O vizinho é mais modesto: é um dos pioneiros, quer dizer, um sobrevivente da quarta-feira, 17 de abril de 1996.

Convivem, os dois, em harmonia.

O caminho que leva até a Vila é feito de pequenas elevações, quase colinas, onde campos verdes, parecendo pastos de gado escasso, surgem salpicados por troncos negros, erguidos contra o nada: são os restos de antigas castanheiras, que pontilham toda a paisagem da região com suas formas esguias, escuras e abandonadas.

Há muitos troncos robustos tombados sobre os capinzais. Todos enegrecidos, todos vítimas do fogo. Também ali, outrora, muito antes da chegada dos atuais moradores, o que havia era um enorme bosque de castanheiras, um castanhal sem fim.

Aliás, até meados dos anos 1980, naquelas terras que integravam a vastidão do chamado complexo da Macaxeira, havia a última grande área contínua de castanhal do Pará.

Quando os atuais moradores chegaram, essa área já não era contínua, nem tão grande: havia sido devastada.

Lá pelas tantas, no meio desse caminho, aparece um estábulo, uma fazendola de gado. Tudo é assim, vagaroso, modesto, nos arredores desses confins.

A Vila 17 de Abril mostra ares do que é: uma cidadezinha de interior. Cachorros vadios perambulando, crianças que espiam da soleira com olhos grandes, volta e meia passa um carro, duas ou três motocicletas passam ruidosas, desviando de galinhas que ciscam num canto qualquer, e também passam caminhando pessoas que se cumprimentam de maneira discreta.

Respira-se silêncio.

São casas simples, dessas com alpendre e janelas que parecem estar sempre abertas, erguidas em terrenos pequenos, com plantas na entrada e quintais com árvores que são vistas por quem passa nas ruas, que então parecem arborizadas — mangueiras, abacateiros, com seus frutos e seus verdes.

Algumas casas têm cercas vivas, noutras o que se vê são flores, samambaias, uma que outra avenca, plantadas em latões de querosene.

Algumas casas são cuidadosamente caiadas, outras ficaram nos tijolos à mostra. A luz elétrica chegou em 2002, quando a Vila tinha uns cinco anos de existência estabelecida.

Na maioria delas, o banheiro fica no quintal — uma pequena, minúscula construção de madeira. Não há rede de água e esgoto: o que existe são cisternas, abastecidas com certa dificuldade por mananciais vizinhos.

As dezenove ruas são de terra, e se desenham partindo de uma praça ampla, chão de terra entremeado a cada tanto por uma grama rala. Cada rua leva o nome de um morto do 17 de Abril de 1996, numa homenagem permanente às vidas perdidas, quase anônimas fora dali, e que algum dia sonharam com um lugar como esse.

Quer dizer: não propriamente com uma vila como essa, mas com o que fica a uns 12 quilômetros de distância: lotes de terra. Um lote para cada família. Cada família, dona da terra, trabalhando o próprio chão. Os lotes do assentamento 17 de Abril cercam a Vila.

Num dos cantos da praça levanta-se uma torre de ferro, com quatro alto-falantes presos no topo. Quando chega o entardecer, eles despejam

O MASSACRE

sobre a vila notícias e músicas, uns bolerões chorados, canções sertanejas, num ritmo tão lento como a vida do lugar.

Ao amanhecer, quando os alto-falantes se fazem ouvir pela primeira vez no dia, o ritmo é outro: as mensagens são mais breves, aceleradas, e recordam tarefas coletivas, avisam de missas e cultos religiosos, batizados, excursões, ofertas do comércio das duas cidades vizinhas, Eldorado do Carajás e Curionópolis.

Os moradores chamam a torre e seus alto-falantes de A Voz.

O tempo escorre devagar pelas casas, pela escola, que vai do ensino fundamental até o curso médio e tem uns novecentos alunos — na verdade, uma construção de madeira, um tanto precária, que algum dia cumprirá a promessa de ser substituída por outra, de alvenaria. E que tem nome, é claro: Escola Municipal Oziel Alves Pereira.

Os professores são contratados pela prefeitura de Eldorado do Carajás. A escola leva o nome de um dos mortos mais emblemáticos daquela longínqua tarde de quarta-feira, 17 de abril de 1996.

E também lento passa o tempo pelos dois ou três armazéns, pelo açougue e por tudo o que existe na Vila: uma barbearia, uma oficina de consertos de qualquer coisa, três ou quatro bares, uma sorveteria, um campo de futebol meio careca, uma cooperativa e uma associação do assentamento. Suas sedes modestas ficam na praça. Funcionam como ponto de encontro dos veteranos moradores da Vila.

Há seis templos evangélicos de seitas diferentes e uma solitária igreja católica. E um posto de saúde, que só no fim de 2005 passou a receber visitas regulares de médicos, assistentes sociais e enfermeiros, mas que um ano depois continuava desprovido de remédios.

De todos os moradores, um grupo requer atenção especial: são os que guardam, até hoje, as sequelas do que sofreram em abril de 1996. Entre si, e também entre todos, são conhecidos como "os mutilados".

O PREÇO DE UM SONHO

Alguns recebem uma pensão do estado do Pará — que varia entre um salário mínimo e um salário mínimo e meio, além do que vem do governo federal por meio de um programa assistencial chamado Bolsa Família.

Há muitas queixas, entre os pioneiros, quando o assunto são os mutilados. Queixas de abandono, de injustiça, de lentidão, de omissão. Para eles, falar do massacre de Eldorado do Carajás sem mencionar sua história é como ocultar parte essencial do que aconteceu.

Todos reconhecem o óbvio: pelo menos, estão vivos. Mas têm certeza de que a história daquele horror não termina nos mortos.

No dia 17 de abril de 1996, quando acabaram os tiros, 69 dos sobreviventes apresentavam ferimentos graves. Tão graves que três deles acabaram morrendo tempos depois em consequência dos tiros.

Dos outros 66, vinte — e apenas vinte — conseguiram, em 1998, reunir a documentação exigida e entrar na Justiça pleiteando indenização, tratamento médico e uma pensão do estado do Pará. Essa documentação consistia em carteira de identidade (que nem todos tinham), laudos da perícia, laudos médicos, ou seja, o habitual sem-fim de papéis que a burocracia obriga as vítimas a reunir para provar que sofreram o que sofreram.

Em agosto de 1999, essas vinte pessoas ganharam na Justiça tudo que pretendiam, inclusive as indenizações pedidas — mas não levaram nada. Só em agosto de 2006 chegou-se a um acordo: sete anos de espera para que fosse cumprida uma decisão judicial.

Nesse meio-tempo, a Justiça determinou — naquele mesmo agosto de 1999 — que o estado do Pará assumisse os custos com atendimento médico, tratamentos, alimentação, medicamentos, e ainda pagasse a cada uma das vinte pessoas, durante o período de convalescença, uma pensão correspondente a um salário mínimo.

Pois o governo do estado fez exatamente o que era de se esperar: recorreu, protelou, driblou, e só em maio de 2000 começou a cumprir parte dessa determinação, limitando-se a pagar pensões e tratamento médico.

O MASSACRE

Em dezembro de 2003, a Justiça decidiu que o valor total das indenizações por danos materiais e morais, independentemente dos custos de tratamento médico e do valor das pensões, fosse de 2,9 milhões de reais (na época, cerca de 1 milhão de dólares) a serem divididos entre os vinte sobreviventes.

Uma vez mais, o estado recorreu — em quatro ocasiões, cada uma em determinada instância judicial — e conseguiu levar o caso adiante.

Finalmente, o próprio advogado das vítimas, Walmir Brelaz, admitiu que não valia mais a pena continuar brigando para que a decisão inicial fosse cumprida.

Assim, na quarta-feira, 1º de agosto de 2006 — sete anos depois da primeira sentença, oito anos depois do início do processo, e dez anos, três meses e quatorze dias depois do massacre —, foi feito um acordo por 1,2 milhão de reais (na época, cerca de 580 mil dólares), dando a cada vítima uma indenização que variava de 30 a 90 mil reais. O procurador-geral do estado do Pará, Aloysio Cavalcante Campos, fechou o acordo com o advogado das vítimas.

Os outros 46 sobreviventes continuam à espera. De que, nem eles sabem ao certo. Para todos, o mais grave, o mais humilhante, não é a espera, não são os negaceios jurídicos, a falta da indenização: é o fato de o governo do estado do Pará não haver cumprido a ordem de providenciar tratamento médico adequado.

Humilhante, para todos, é precisar implorar para serem cuidados por quem, afinal, é o responsável por tudo que passaram e passam.

O inventário dos padecimentos dessa gente é impressionante. Muitos trazem balas alojadas no corpo — um deles, na cabeça —, há quem tenha perdido a audição ou a visão de um olho, há os que vivem enxaquecas profundas e intermitentes, os que perderam ossos em operações

O PREÇO DE UM SONHO

infinitas, e isso para não falar dos traumas psicológicos que levaram alguns ao alcoolismo, outros à depressão, e fizeram de todos, de uma forma ou de outra, mutilados para a vida.

Uma breve coletânea de exemplos serve para mostrar a extensão desses danos:

Josimar Pereira de Freitas tinha 29 anos no dia do massacre. Um tiro atravessou sua perna direita, um palmo abaixo do joelho. O osso foi estilhaçado. A perna jamais parou de doer. Com isso, ele mal consegue trabalhar na lavoura. Quando fica horas de pé, vêm as câimbras. Passou a receber a pensão de um salário mínimo e meio do governo do Pará no ano de 2000.

José Carlos dos Santos tinha 16 anos em abril de 1996, e é outro dos vinte beneficiados pelo acordo feito na Justiça com o governo do estado. Levou um tiro no olho direito. Além da perda desse olho, padece outro mal: a bala está alojada em sua cabeça. Bem que ele pensou em ser operado. Mas os médicos foram claros: "Não tem como tentar. Ou morro, ou fico doido", diz ele com certa resignação. Resultado: sofre de dores de cabeça tenebrosas, não consegue trabalhar. Vive com os pais e o salário mínimo e meio da pensão.

Domingos da Conceição, o Garoto, tinha 15 anos na tarde do horror. Levou mais de dez tiros, a maioria nas pernas. Sofreu deformações na bacia e nos ombros. Teve fratura exposta na perna direita, foi operado onze vezes. A perna ficou três centímetros mais curta que a outra e dói sem parar. Nos dias de frio ou de chuva, a dor fica insuportável. Passados dez anos daquele abril de 1996, continuava esperando pelas botas ortopédicas prometidas pelo governo do estado para poder caminhar sem tanta dor.

O MASSACRE

João Rodrigues tinha 21 anos quando levou um tiro no peito. A bala nunca foi retirada. Quando vai trabalhar no lote que a família ganhou no assentamento, o esforço faz com que o braço fique dormente enquanto o peito começa a doer. Vive tomando, todo dia, pesados anti-inflamatórios.

Rubenita Justiniano da Silva, no dia do massacre, tinha 26 anos. Levou um tiro na boca, teve a mandíbula fraturada, a língua rasgada, perdeu seis dentes, e a bala ficou para sempre alojada em sua garganta. Até 2003, continuava na Vila 17 de Abril. Depois, mudou-se com a mãe e uma irmã menor para uma ilha vizinha a Belém. Com a frequência das rotinas cruéis, sem aviso, o pescoço desanda a latejar, o local ferido inflama, os olhos ficam avermelhados, a visão enevoada.

Antônio Alves de Oliveira, o Índio, tinha 35 anos quando foi atingido pelos tiros da Polícia Militar. Três balas continuam em seu corpo: uma na perna esquerda, uma no joelho direito, outra no calcanhar direito, que é o que dói mais quando ele caminha. Tentou trabalhar na terra, não conseguiu: de sua casa ao lote que recebeu são 11 quilômetros. Acabou trabalhando na coordenação do assentamento. Sua terra é cultivada por gente do lugar, vizinhos que repartem com ele o que a lavoura dá.

Índio é um dos mais ativos na hora de reivindicar tratamento médico e um dos mais ácidos na hora das críticas.

Conta que na maioria das vezes em que foi atendido, saía do hospital com remédio para tratamento de vermes: "A gente vai lá com bala no corpo, e volta com vermífugo", diz.

Rubenita continuava, em agosto de 2006, carregando na garganta a bala que a atingiu em abril de 1996. E, como de costume, sofria com

O PREÇO DE UM SONHO

uma inflamação no local onde o projétil continuava incrustado. A falta de tratamento adequado, dizia ela, tinha provocado uma série de sequelas e novas doenças. A cada três meses, ela sai de onde mora e vai até Belém do Pará, atrás de antibióticos. O uso contínuo de ampicilina durante todo esse tempo acabou trazendo uma série de problemas paralelos para a sua saúde.

Passados mais de dez anos, os dois, e todos os outros que continuam padecendo as consequências dos ferimentos recebidos em abril de 1996, esperam para ver se após a decisão judicial que estabeleceu o pagamento das indenizações, o governo do Pará finalmente se decide a prestar a eles tratamento médico adequado.

Em agosto de 1999 a Justiça determinou que o governo do Pará desse atendimento médico aos sobreviventes feridos, e além disso cobrisse todas as despesas com tratamentos e medicamentos. E mais: que se responsabilizasse pelos gastos de traslado, quando fosse o caso. É exatamente disso que se queixam Índio, Rubenita, Garoto e todos os outros que carregam no corpo, vida afora, as sequelas dos tiros de abril de 1996. Vermífugo para um, antibiótico para outro, e nisso consiste o tratamento determinado pela Justiça?

Os responsáveis pela saúde pública do Pará dizem que acontece exatamente o contrário. Que, apesar de serem obrigados pela sentença judicial a tratar daquilo que em linguagem técnica se chama "nexo causal", ou seja, das consequências diretas dos ferimentos recebidos no tiroteio de abril de 1996, acabam dando às vítimas tratamento para tudo.

Talvez seja essa a explicação para os vermífugos que Índio recebe nas consultas. Só que o problema dele, como o de todos os outros, é bem mais complexo.

Um dos advogados da Comissão Pastoral da Terra, Carlos Guedes, diz que no fundo o que acontece no caso dos mutilados de Eldorado do Carajás é apenas um reflexo do que ocorre em tudo que diz respeito

O MASSACRE

à questão de terras no Pará: o desencontro radical entre a teoria e a prática. "O drama das pessoas que sobreviveram e sofrem de sequelas físicas é consequência direta dos ferimentos. Só que esse drama e essas sequelas foram agravados pela negligência do governo estadual no que diz respeito à assistência médica. Isso para não mencionar a assistência psicológica, que jamais existiu", diz ele.

Na verdade, não faltou só assistência médica e psicológica no assentamento 17 de Abril: todos ali continuavam a carecer, passados mais de dez anos de sua instalação, de assistência técnica para os plantios, apoio para instalar um sistema mínimo de irrigação, infraestrutura para comercialização — enfim, tudo que tinha sido previsto e nunca ocorreu.

Isso explicaria, em boa parte, o abandono da terra por alguns dos beneficiados pela desapropriação daquela parte da fazenda Macaxeira.

Não há um censo oficial da população da Vila. Em abril de 2004, quando foi decidida a instalação do posto médico (que, aliás, tardou um bocado até se tornar mais ou menos realidade), um levantamento feito pela Fundação Nacional da Saúde apontava a existência de exatas 2.783 pessoas.

Os moradores contam que, naquela altura, a população da Vila já era bem maior que isso: quase o dobro. Em abril de 2006, falavam em 6 mil habitantes.

Para o MST, o mais correto seria mencionar uma população entre 4 mil e 4.500 pessoas.

No começo de tudo, ou seja, princípios de 1997, havia 690 famílias — umas 3.500 pessoas — assentadas numa extensão de 18 mil hectares desapropriados da Macaxeira. Cada família recebeu, do governo federal, uma extensão de 25 hectares — 250 mil metros quadrados. Uma área correspondente a mais ou menos 25 campos de futebol.

O PREÇO DE UM SONHO

Passados mais de dez anos, boa parte dos que receberam terras desistiu, ou se mudou para outros assentamentos. Dos que ficaram, todos — ou praticamente todos — têm uma ocupação paralela, além da agricultura e da pecuária, para ajudar a arredondar as contas no final do mês.

Uma queixa generalizada: era praticamente impossível, para uma só família, cuidar de 25 hectares de terra. Além do mais, o que aquela terra rendia era pouco. E mesmo dividindo tarefas entre si dentro da mesma família, em regime de mutirão, era preciso contratar alguma ajuda de fora. O resultado era sempre escasso, em termos de renda.

Ao mesmo tempo, numa estranha conjunção de números, aquela área, sozinha, era considerada insuficiente para manter mais de um e um só núcleo familiar. Ou seja: filhos que crescem, formam famílias, têm filhos, precisavam ir para outro lugar atrás de terra, ou trabalho, porque os tais 25 hectares não produziam o suficiente para garantir renda a todos.

Dos atuais habitantes da Vila 17 de Abril, mais de 2 mil são sobreviventes da marcha que desencadeou o massacre de 1996. Contando seus filhos que nasceram na Vila, ou familiares que chegaram depois, trazidos pela esperança de uma vida melhor, o núcleo dos pioneiros soma cerca de 3 mil pessoas, de acordo com os cálculos dos coordenadores do assentamento.

O censo mais recente, realizado em 2006, indica que, dos 690 lotes entregues às famílias pioneiras, cerca de 180 trocaram de mãos. Os sobreviventes continuam sendo maioria na Vila. Têm influência direta na direção política do assentamento. Deles, um terço continua vinculado ao MST. A maior parte acabou se bandeando para o lado das seitas evangélicas, atraída pelas promessas de bispos e pastores. Daquelas 690 primeiras famílias, cerca de quinhentas continuam vivendo ali.

A partir do segundo semestre de 1997, pouco a pouco, algumas das famílias fundadoras começaram a abandonar o sonho daquela terra.

65

O MASSACRE

Houve muita gente que se instalou na Vila a partir de 1998, e com os recém-chegados vieram, pouco a pouco, pastores de seitas evangélicas.

Num primeiro momento, os evangélicos foram especialmente corrosivos na hora de minar a influência do MST sobre os habitantes da Vila 17 de Abril, criada por seus militantes. Assim que começaram a se instalar, atraídos por familiares que haviam recebido terras, resistiram à liderança dos coordenadores do MST, rejeitaram as propostas de ação política, recusaram o sistema administrativo, formaram blocos à parte e tiveram sempre uma noção própria da vida que pretendiam ter ali, certamente distinta da proposta comunitária defendida pelo MST. Uma parte dos pioneiros, por sua vez, converteu-se em templos das cidades vizinhas, e reforçou a entrada de evangélicos na rotina e no controle da Vila 17 de Abril. Hoje, a situação parece estabilizada em outro nível. Vários evangélicos são membros da direção do assentamento e da regional do MST.

É preciso, além do mais, recordar que uma boa dose de desilusão no projeto inicial afastou muitos pioneiros do movimento. Como eram quase todos originários do garimpo e de vidas nômades, atrás de comida e trabalho, era muito difícil, admitem hoje os coordenadores do MST, convencê-los da importância de planejar a médio e longo prazos, organizar estruturas permanentes, enfim, organizar qualquer coisa.

Depois desses anos todos, a parte mais significativa dos pioneiros que ficaram no assentamento já não está com o MST, e sim com os evangélicos, certamente mais sedutores em suas promessas de benefícios divinos e celestiais.

Sempre, mas principalmente naquele começo, por todo lado eram enormes as expectativas, desde que a fazenda Macaxeira teve uma área desapropriada e entregue aos sobreviventes do massacre de Eldorado do Carajás — assim ficaram conhecidos, e para sempre, os incidentes daquela tarde de abril de 1996.

O PREÇO DE UM SONHO

Expectativa no MST, nos sobreviventes que seriam assentados — e também na região vizinha, nas grandes fazendas, no pequeno comércio local.

Os assentados apostavam as últimas esperanças numa só carta: aquilo haveria de dar certo. Os grandes fazendeiros, os exploradores de madeira, apostavam tudo em outra carta: aquilo haveria de dar errado, para não se espraiar como exemplo.

Os primeiros tempos foram especialmente duros. Logo depois do massacre, nos dias seguintes, foi instalado um acampamento na área reclamada pelos sem-terra.

A comoção pelas mortes, as dúvidas sobre o número de vítimas, a busca da verdadeira história apenas começava a crescer, e as famílias já estavam se instalando de uma forma bastante precária.

Por aqueles dias corriam notícias desencontradas, dizendo que o número de mortos havia sido muito maior que o reconhecido pelas autoridades. Grupos de homens e mulheres passaram a vasculhar as redondezas à procura de cadáveres ou sobreviventes perdidos. Falava-se de crianças mortas e enterradas em segredo, comentava-se de crianças perdidas pela mata das vizinhanças, falava-se de mulheres que vagavam desesperadas em busca do marido e dos filhos desaparecidos.

A verdade, porém, é que, apesar de versões que circularam durante muito tempo com aparente solidez, jamais foi possível comprovar a existência de mais mortos que os anunciados oficialmente. Mas até hoje, na Vila 17 de Abril, há quem assegure que morreu muito mais gente naquela quarta-feira de horror, em 1996.

É como se o peso dos mortos comprovados tivesse sido demasiado, e fosse preciso mais mortes para tanta dor.

No final de maio de 1996 — um mês e quatro dias depois do massacre —, chegou à Macaxeira uma caravana integrada por técnicos e professores da Universidade Federal do Pará, da Universidade do Estado do Pará

O MASSACRE

e por representantes de várias entidades. Também trazia estudantes e profissionais de saúde, educação, psicologia, nutrição, ciências agrárias, que levavam doações de mantimentos, remédios e roupas, feitas por centros comunitários, associações de bairros — enfim, uma caravana da boa vontade que pretendia, além do mais, avaliar a situação do acampamento.

O quadro, de acordo com o relatório elaborado pelos visitantes, era desolador. Na hora de fazer a avaliação das condições de saúde, foram constatados problemas de todos os tipos — de doenças respiratórias a verminoses, passando por doenças sexualmente transmissíveis, subnutrição, enfim, todo um inventário dos males da miséria.

As condições de vida, naquele final de maio, eram promíscuas e insalubres. Não havia a mínima infraestrutura para higiene e saneamento.

Diz o relatório do grupo:

> O grande número de pessoas vivendo juntas em barracões muito próximos uns dos outros concorre para agravar ainda mais a condição de vida que têm os acampados.
>
> A água utilizada para higiene pessoal e doméstica, cozinha e outros fins, é originária de um igarapé para onde são carregados, em função do próprio declive do terreno, todos os dejetos do acampamento ou de poços muito próximos dos locais que servem de banheiro.

Na memória de quem viveu aquele período e ainda vive na Vila 17 de Abril, nem era tão chocante assim: afinal, todos sobreviviam desde sempre naquelas condições, bem diferentes, por certo, da vida que levam hoje.

A grande diferença é que, naquele final de maio, sabiam, mais que nunca, que estavam a ponto de tocar o sonho com as mãos. A desapropriação das terras viria, e, em seguida, a distribuição dos lotes.

O PREÇO DE UM SONHO

O que de verdade chamava a atenção de todos que iam visitar o assentamento era uma construção rústica, que — melhorada — continua existindo mais de dez anos depois: a escola, já então batizada com o nome de Oziel Alves Pereira.

Quando tudo começou, havia no acampamento cerca de seiscentas crianças. Naquele começo, os professores eram os próprios acampados. Depois de muita negociação, no início de 1998 a prefeitura de Eldorado do Carajás concordou em mandar para lá professores da rede pública e oficializar a escola.

Essa característica de todas as ocupações, de todos os acampamentos do MST, e que foi tão notada ali, manteve-se intacta ao longo do tempo e do mapa brasileiro: a escola é a primeira construção a ser erguida. Nem bem uma área é ocupada, surge a escola.

De início, os próprios acampados se encarregam das lições. Mas em seguida começam as negociações com a prefeitura local, para que mande professores. Foi assim no 17 de Abril, é assim em todos os lugares onde se instalam.

Também a formação de comissões faz parte das primeiras iniciativas — na verdade, muitas vezes as comissões já existem antes mesmo de uma terra ser ocupada. Assim que a ocupação é feita, elas começam a trabalhar: uma cuida da saúde; outra, da educação; uma terceira trata da vigilância; uma se encarrega do trabalho e da manutenção das barracas e dos casebres precários; outra, de levar adiante as negociações com as autoridades — o Incra, o Ministério Público, os tribunais, eventualmente o prefeito. Enfim, todos se unem nas tarefas de dar uma estrutura mínima para a vida social da pequena comunidade.

Quando uma terra é ocupada e se instala o acampamento provisório, os primeiros tempos são duros, sempre. Todos sabem disso. O que ninguém sabe, nunca, é quanto esses tempos irão durar, até que a terra seja oficialmente distribuída e o assentamento definitivo seja instalado.

O MASSACRE

No caso da fazenda Macaxeira, já no segundo semestre de 1996, enquanto aguardavam a desapropriação formal, umas poucas famílias que haviam passado pelo massacre do dia 17 de abril se dispersaram. A maior parte ficou por lá mesmo, na região de Eldorado do Carajás, sem pouso fixo, perambulando entre uma e outra manifestação, uma e outra esperança, desde que não fosse exatamente naquele lugar tão marcado pela memória da violência. Para essas famílias, a terra da fazenda estava contaminada de horror.

Havia, na época, uma enorme tensão, que se traduzia claramente em dois polos. Do lado dos sobreviventes à espera de terra, muitos estavam exasperados pela demora, pela situação dos feridos que eram mal atendidos, pela carência de tudo — de comida a perspectivas do que aconteceria, e quando, e se aconteceria alguma coisa. Do lado dos fazendeiros e comerciantes, a questão era outra: até que ponto o governo cederia? Até que ponto Brasília iria forçar o governo estadual a abrandar as medidas de controle sobre aquele bando de sem-terra à espera de terras?

Entre maio de 1996 e abril de 1997, quando finalmente houve a distribuição de lotes e o assentamento foi formalizado, e enquanto os sobreviventes sumiam do noticiário, esse clima tenso não suavizou em momento algum.

As escaramuças eram permanentes. Parte do compromisso do governo federal era a distribuição de cestas básicas às famílias que esperavam pelo assentamento, através da Companhia Nacional de Abastecimento (Conab), vinculada ao Ministério da Agricultura. Pois, além de jamais serem entregues nos dias previstos, acumulando atrasos que ninguém explicava, essas cestas básicas chegavam carregadas de alimentos deteriorados.

Quando reclamavam, nos armazéns encarregados de distribuir as cestas básicas, do atraso e de terem recebido comida que, além de velha,

O PREÇO DE UM SONHO

muitas vezes era imprestável, os sem-terra ouviam como resposta sugestões claras de voltarem para o lugar de onde tinham vindo.

Ao mesmo tempo, ouviam — vindas de Brasília — palavras de compromisso: o que surgiria na área desapropriada da Macaxeira seria um assentamento-modelo. Passou-se um ano sem que nada de concreto acontecesse.

Enquanto isso, o MST elaborou um projeto-piloto do que deveria ser implantado, com as devidas adaptações, pelo país afora, e que contaria com sistemas produtivos integrados, cooperativas estruturadas, recursos para comprar caminhões, assistência técnica permanente, rede de energia elétrica para as casas que seriam construídas e os lotes que seriam distribuídos, infraestrutura de armazenamento, ligação viária com as estradas vicinais da região e com as duas grandes estradas estaduais que se entrecruzam exatamente em Eldorado do Carajás — tudo isso para transformar o assentamento 17 de Abril num complexo produtivo eficaz.

Claro que as coisas não aconteceram assim. Mas até hoje, quando alguma liderança do MST é perguntada sobre a distância entre o que era para ser e o que acabou sendo, a resposta coincide com a de moradores pioneiros do 17 de Abril: quem ficou no assentamento, quem fincou raízes e trabalha a terra, está satisfeito — apesar de tudo.

Não existe nada documentado, não há medidas que tenham sido tomadas à luz do dia, mas, para os coordenadores do MST que acompanharam esse processo, a reação inicial dos fazendeiros da região, principalmente dos madeireiros que devastam ilegalmente — e impunemente — amplas áreas cobertas de castanheiras e destroçam o que houver pela frente, essa reação, toda ela feita nos bastidores, foi óbvia: se aquele plano desafiador dos sem-terra realmente funcionasse, o desastre seria inevitável.

O MASSACRE

O governo federal, pressionado pelas repercussões da mortandade ocorrida em abril de 1996, pressionava o governo estadual a acelerar acordos e compromissos na região de Eldorado do Carajás.

O governo estadual, por sua vez, fazia de conta que exercia alguma pressão — mas nunca se soube quem, ou quais eram os alvos dessa suposta pressão.

Naqueles primeiros tempos, os militantes do MST e, claro, os assentados esperavam fatos concretos. Resultado final: nada do que era esperado pelos assentados e estava previsto no ambicioso e detalhado projeto do MST aconteceu.

O governo estadual e o governo federal, ao longo de todo aquele período de negociação, permaneceram em sua quase imobilidade, lançando mão de discursos e anúncios formais em vez de agir.

O tempo de espera, além do mais, foi útil para os fazendeiros da região, que fizeram de tudo para dividir os assentados, cooptando algumas de suas lideranças.

As terras desapropriadas da fazenda Macaxeira foram finalmente entregues em abril de 1997, e as famílias se instalaram de imediato, mas o desgaste já tinha acontecido.

Durante todo o ano de 1997, registrou-se um fenômeno curioso no assentamento 17 de Abril: o espírito solidário de quem se instalou ali atraiu familiares distantes, os agregados, que chegavam sem organização alguma, sem saber dos projetos do MST, sem outro sonho além de conseguir comida e alguma esperança de futuro.

Não tinham, é claro, terra para trabalhar: tinham pouso, e nada mais. A terra recebida por cada uma das famílias fundadoras do assentamento era insuficiente para dar trabalho e sustento para os agregados.

Resultado: muitos dos que chegaram depois, atraídos pela família e pela miragem de terras fartas e férteis, acabaram indo buscar trabalho nas fazendas da região. Rapidamente se transformaram em alvo predileto dos que pretendiam transformar o assentamento 17 de Abril num fracasso irremediável.

Houve, nessa época, uma tensão crescente e constante entre os recém-chegados e os pioneiros. Além do mais, pessoas vindas dos municípios vizinhos — encorajadas pelos fazendeiros e madeireiros da região — volta e meia entravam na vila para buscar confusão, num trabalho tão evidente como eficaz de provocação e sabotagem.

Os veteranos não gostam de tocar no assunto, e há inclusive os que se dedicam a desmentir os fatos. Mas a verdade é que naqueles dois primeiros anos houve no assentamento vários episódios graves de violência, e pelo menos cinco assassinatos.

Parentes de assentados, os agregados, disputavam a posse da terra, numa trágica reprodução dos conflitos entre grandes proprietários e trabalhadores rurais à procura de áreas para viver. Um agricultor foi morto, depois outro, e outro mais, numa ameaça de espiral de vinganças familiares.

Mas ninguém entre as lideranças e a coordenação do movimento esquece que, em outubro de 1997, pela primeira vez, a Polícia Militar foi chamada para intervir em casos de enfrentamento dentro do assentamento. Para os moradores da Vila 17 de Abril, o medo era encontrar entre esses policiais militares algum que tivesse participado do massacre de 1996.

Aliás, esses reencontros traçados por um destino torto volta e meia acontecem, e sempre com a mesma característica: o assentado reconhece o policial que estava na tropa que disparou naquela quarta-feira impune. O atirador, não.

"É duro, é terrível, eu me sinto mal, depois voltam os pesadelos", conta Índio, que por um desses azares da sorte fez uma longa viagem, de Eldorado a Belém do Pará, no mesmo ônibus em que viajava um dos soldados que participaram do massacre de 1996, quando ele foi ferido para sempre.

O MASSACRE

De toda forma, a presença de policiais militares na Vila não tinha ocorrido antes daquele outubro de 1997. Até hoje, a Polícia Militar só entra lá quando é chamada.

A partir do final daquele ano, começou — a princípio, um tanto tímido; depois, com maior voracidade — o comércio de lotes. Ou seja: vários dos assentados originais venderam seus lotes, apesar de essa venda ser absolutamente ilegal, a familiares de outros pioneiros que tinham vindo na trilha do sonho da terra.

Quem comprou e se instalou — e também os que venderam — repete a mesma explicação: na verdade, o que foi negociado foi o *direito* à terra. Ou seja: os que, por terem participado da longa luta de reivindicação, receberam terras expropriadas vendem seus direitos sobre elas, e não propriamente as terras.

No final de 1998, o MST sentiu que havia perdido a possibilidade de avançar mais na organização interna do assentamento, de transformá--lo num projeto-piloto, e desistiu de tentar aprofundar o processo na proporção e na intensidade planejadas.

Havia razões para essa mudança de planos. Afinal, o MST quis impedir a todo custo que esse comércio de terras fosse implantado, e não conseguiu. Da mesma forma que não conseguiu impedir a ação dos atravessadores da produção dos assentados, que compravam os produtos para depois vendê-los nos municípios vizinhos com boa margem de lucro. Também não implantou, como estava planejado, o sistema de plena cooperativa para produzir e vender. Aliás, passados mais de dez anos, a comercialização continua sendo um dos problemas do assentamento 17 de Abril.

No projeto original, a associação dos moradores, em regime de cooperativa, compraria a produção para depois vendê-la na entressafra,

O PREÇO DE UM SONHO

a melhor preço. Não haveria negociação individual com os pequenos produtores: o coletivo iria prevalecer.

Foi exatamente o que os atravessadores fizeram: impuseram a negociação individual, comprando na colheita e vendendo na entressafra, e ficando com o lucro. Tudo isso porque agiam com rapidez. Pagavam menos, é claro, mas tudo acontecia depressa — e para quem estava exausto de esperar, esse chamariz funcionou bem.

Para os sobreviventes, para os assentados, aquele primeiro e longo período foi um tempo de descrença: na Justiça, o processo contra os policiais militares que praticaram o massacre de 1996 se arrastava rumo ao nada; em Eldorado do Carajás, a pressão local contra os sem-terra não cedia, graças a uma intensa campanha dos meios de comunicação regionais e aos rumores espalhados e reforçados por fazendeiros e comerciantes.

Cada vez que um assentado ia a Eldorado do Carajás ou à vizinha Curionópolis, era hostilizado pelos comerciantes, que não apenas se negavam a comprar sua parca produção como se recusavam a vender o que quer que fosse.

Essa descrença e esse cansaço deixaram marcas perenes.

Em 1998, os primeiros membros de seitas evangélicas chegaram ao assentamento 17 de Abril. Fizeram um rápido — e eficiente — trabalho de arregimentação, contando com o apoio de templos e igrejas de Curionópolis e Eldorado. Num instante fincaram bases profundas.

Foi então que as lideranças do MST constataram que haviam chegado ao limite, e desistiram de continuar avançando na formação de cooperativas, no trabalho de conscientização, na consolidação de seu projeto. Optaram por atuar mais intensamente em áreas vizinhas ao 17 de Abril, numa região onde havia outros projetos implantados, outros assentamentos, outras ocupações em andamento ou sendo planejadas. Essa mudança de direção começou a se fazer notar com mais clareza a partir de 2000.

O MASSACRE

Passado o tempo, os coordenadores do MST na região de Marabá dizem, no entanto, que o assentamento 17 de Abril é uma referência importante, e que sob muitos aspectos continua sendo considerado um modelo do que é possível ser implantado, de acordo com as circunstâncias. Isso porque cada família tem, além de seu lote, uma casa de alvenaria, serviços essenciais de água, luz e um posto de saúde, e acesso a crédito para a agricultura.

Em outros assentamentos, a experiência do 17 de Abril serviu e serve de parâmetro para superar dificuldades — o Palmares, na região de Parauapebas, é um bom exemplo disso. Para lá foram levados alguns dos melhores quadros que estavam na fundação do 17 de Abril. Calejados de tanto tropeçar em obstáculos intransponíveis no projeto original, souberam encontrar alternativas a tempo.

Na verdade, por todo o mapa brasileiro os assentamentos feitos pelo governo federal desde pelo menos 1996, com a distribuição de lotes aos sem-terra — tanto quando se trata de desapropriação de propriedades privadas irregulares como quando se trata de áreas públicas —, padecem os mesmos males: falta de apoio técnico, de infraestrutura, de financiamento, de maquinaria, de facilidades para comercializar a produção, e também de organização.

As consequências se traduzem, frequentemente, no abandono dos lotes recebidos e em sua comercialização ilegal, com a venda dos direitos à terra ou seu arrendamento. Também se repetem as queixas dirigidas à assessoria prestada pelo Incra, que, segundo os assentados, muitas vezes ignora não apenas a cultura da região, como os próprios objetivos de quem recebeu lotes do governo.

De um lado, os técnicos do Incra tratam de aconselhar o melhor plantio para que se obtenha maior rendimento; e de outro, os assentados se queixam de que os técnicos indicam plantios com os quais não estão acostumados, como se o costume fosse um argumento de maior viabilidade que a análise técnica.

O PREÇO DE UM SONHO

No caso específico do assentamento 17 de Abril, as falhas foram muitas. Os equipamentos instalados não receberam manutenção técnica e deixaram de funcionar, prejudicando os planos de levar adiante uma produção razoável de laticínios, por exemplo, ou de processar arroz e produzir farinha.

As próprias divisões surgidas entre os assentados, além do mais, impediram que o sistema de cooperativa funcionasse de maneira eficiente. Passados mais de dez anos, continua existindo uma Associação de Produção e Comercialização dos Trabalhadores Rurais do Assentamento 17 de Abril — nome extenso que, de acordo com o projeto inicial dos sem-terra, deveria se resumir a uma cooperativa, e que jamais funcionou direito.

Seja como for, o 17 de Abril se inscreve entre os assentamentos do MST que superaram a mera agricultura de subsistência. Tanto assim que a sua produção tem peso significativo no comércio das cidades da região.

Os militantes do MST que permaneceram no projeto dizem que não têm do que se queixar, e que de certa forma continuam servindo de exemplo para as novas gerações. Afinal, cada proprietário original mantém um padrão de vida que seria apenas uma miragem quando tudo começou. E embora apenas um terço da população da Vila 17 de Abril mantenha hoje vínculos mais estreitos com o MST, os filhos dessas famílias originais assumiram um papel de destaque no movimento e na luta pela terra em toda aquela região.

Em abril de 1996, havia 43 projetos de assentamento nas regiões sul e sudeste do Pará. Em 2004, esse número havia saltado para 394. Passados mais de dez anos do trágico encontro entre sem-terra e policiais militares em Eldorado do Carajás, a mobilização continua permanente, e é difícil duvidar que os acontecimentos de abril de 1996 não tenham tido uma influência decisiva nesse processo todo.

O MASSACRE

É verdade — o próprio MST admite — que o assentamento 17 de Abril não conseguiu se transformar no modelo idealizado. Mas o resultado dessa trajetória, da mobilização inicial aos dias de hoje, passando pela mortandade dos sem-terra e pelo vasto rosário de percalços enfrentados pelos sobreviventes, certamente se transformou num exemplo de que as reivindicações dos sem-terra eram válidas. Tanto assim que produzem e desfrutam de um padrão de vida, apesar de suas limitações, que até então permanecia confinado no rincão dos sonhos impossíveis.

Hoje, para o MST, mais importante que realçar o simbolismo do massacre — um fato consumado, que obedece a uma dinâmica própria, e que, na opinião dos coordenadores regionais do movimento, não precisa nem deve ser exaltado — seria trabalhar na construção de uma comunidade unida, homogênea, e isso não foi totalmente alcançado.

Há, inclusive, uma curiosidade: durante os primeiros tempos, e até hoje, embora com menor intensidade, o assentamento 17 de Abril foi uma espécie de ponto de peregrinação de todo tipo de ativistas da solidariedade. Organizações sociais de todos os matizes se esmeram em visitar, pesquisar, entrevistar moradores, propor iniciativas, prometer apoios e ajudas — enfim, um carrossel de promessas cuja consequência mais concreta é contribuir, e muito, para marcar e remarcar estigmas, traumas e pesadelos. "Vinha de tudo", recorda um dos coordenadores do MST na região, "de anjos a urubus."

Tanto uns, que prometiam o que não poderiam cumprir, como outros, que não faziam mais do que explorar o drama alheio em benefício próprio, acabaram por sedimentar a ideia, entre os sobreviventes, de que mais importante que a vida que levam é o fato de terem sobrevivido e testemunhado aquela quarta-feira, 17 de abril de 1996; e, entre os que chegaram depois, a certeza de que, naquele assentamento, há duas categorias: os heróis e os outros. Com isso, não se fez outra coisa que acentuar distâncias e remarcar diferenças.

O PREÇO DE UM SONHO

Assim, muitos dos que vivem na Vila 17 de Abril continuam convencidos de que só estão lá por causa do massacre, esquecendo a história anterior e tudo que aconteceu e continua acontecendo pelo Brasil afora.

Josimar de Freitas, sobrevivente, mutilado, resume o que muitos de seus vizinhos sentem, todos os dias: "Eu queria esquecer o massacre, mas não dá. Quando a gente anda na rua encontra sempre uma viúva, um outro mutilado, um órfão... Não tem um dia em que a gente não fale do massacre. Assim, não dá para esquecer."

A própria composição dos que estavam nas origens desse processo é um fiel e nítido reflexo do que se vê pelo país: são histórias muito parecidas, quase iguais, às dos cordões que formam o grande êxodo, os transplantados de um lado a outro, os busca-vidas perambulando atrás de um sonho intangível.

Ali mesmo, no assentamento 17 de Abril, na vila pacata, a quase totalidade dos moradores — originais ou que vieram depois — tem a mesma antecedência: um sem-fim de empregos temporários, em cidades ou no campo, e a passagem obrigatória por algum garimpo, Serra Pelada em especial.

A falta de raízes, as privações, a carência de qualquer preparo profissional razoavelmente definido são outras características comuns aos assentados da região.

No caso da área onde ficava a Macaxeira, e onde hoje existe a Vila 17 de Abril e outros assentamentos vizinhos, antes de 1996 já era foco de conflitos entre os sem-terra, quase todos garimpeiros, e os proprietários. Do lado dos sem-terra, havia uma espécie de euforia, de concentração de esperanças e expectativas.

Em novembro de 1995, o MST havia recrutado garimpeiros e ocupado parte da fazenda, por um breve período. Eram avanços arriscados em sua luta pela terra.

O MASSACRE

Havia, como os próprios responsáveis pelo movimento regional reconheceriam anos depois, um excesso de voluntarismo em suas decisões, que não foi corretamente avaliado naquele momento. Coordenadores do MST ressaltam que, naquela etapa, e depois de um intenso trabalho de conscientização — que chamam de "trabalho de base" —, a relação entre o MST e os garimpeiros da região de Serra Pelada, que formavam o grosso de seu contingente, era bastante positiva.

Desde o final do garimpo a céu aberto em Serra Pelada, multidões de famílias vindas de todo o Brasil, mas principalmente do Maranhão e do Piauí, ficaram ao léu. Os garimpeiros tinham sido derrotados em sua esperança. Derrotados, acima de tudo, pela pressão constante da então estatal Companhia Vale do Rio Doce, que continua exercendo poder absoluto sobre toda aquela parte do Pará.

A Vale reivindicava os direitos sobre a lavra de ouro de Serra Pelada. A briga na Justiça se estendeu por anos. O garimpo não existe mais: esgotado o ouro, deixou órfãos milhares de sonhadores.

Enquanto durou, o garimpo de Serra Pelada acabou fazendo nascer cidades. Nos locais aonde os garimpeiros iam atrás de bebidas, mulheres, diversão e compradores para seu ouro, e onde deixavam tudo que haviam ganhado, surgiu Curionópolis e cresceram antigos vilarejos como Eldorado do Carajás e Parauapebas.

Essa grande massa de gente mantinha uma característica comum: algum dia haviam sido pequenos agricultores, ou trabalhadores em pequenas lavouras alheias, ou peões de grandes empreendimentos como a hidrelétrica de Tucuruí, e ficaram sem trabalho. Tornaram-se oferta barata de mão de obra ambulante, de um lado a outro, atrás da sobrevivência mais primária.

A determinada altura do tempo — por volta de 1983 —, haviam se concentrado de novo em garimpos, e então, oito ou nove anos depois,

O PREÇO DE UM SONHO

voltavam, derrotados em tudo, à sua condição inicial — os abandonados pela sorte e sem futuro algum.

Com esses antecedentes e nessas circunstâncias, uma vez alcançada a desapropriação de parte das terras da fazenda Macaxeira, com a distribuição dos lotes aos sem-terra, acabou não sendo possível implantar a ação proposta pelo MST. As pessoas reunidas debaixo da bandeira — e das propostas — do movimento não tinham interesse nem propensão para aderir a um projeto bastante rígido, com metas, objetivos, direitos, responsabilidades. No fundo, pode-se resumir a questão assim: de um lado, uma pequena multidão aspirando a qualquer coisa que significasse trabalho, terra para trabalhar; de outro, um movimento organizado, capaz de assegurar tudo isso, mas com objetivos estabelecidos a médio prazo, dentro de uma linha de ação predeterminada.

De um lado, um movimento com propostas organizadas, cronogramas, projetos. De outro, uma pequena multidão de desvalidos querendo saídas. Sem noção de organização coletiva, sem projetos abrangentes, presa da ideia de soluções individuais: que me deem uma terra, que eu possa trabalhar e viver dessa terra.

A exasperação, a tensão permanente, a incerteza formavam — e, em grande medida, ainda formam — parte da vida de cada um.

Em outros pontos do mapa brasileiro, essa conjunção de aspirações e propostas foi totalmente possível. Ali, não.

Ainda assim, os coordenadores do MST insistiram e insistem na defesa de alguns pontos básicos, entre eles a agricultura em vez da devastação, ou seja, um cuidado com o que resta do meio ambiente, e a firme determinação de que a terra recebida não seja vendida.

A verdade, em todo caso, é que, desde pelo menos o ano de 2001, se vive em paz. Tanto assim que a Vila continua sendo uma pequena cidade sem

81

O MASSACRE

polícia. Os poucos episódios de violência são resolvidos pela autoridade moral ainda exercida pelo MST, e se a situação foge do controle alguém pede ajuda em Eldorado do Carajás.

O assentamento produz leite (entre 2004 e 2005, a média foi de 7 mil litros mensais), arroz (cerca de 40 toneladas em 2004, um pouco menos em 2005, por causa da seca), milho, mandioca, feijão, algumas frutas — melancia, principalmente —, legumes, verduras. Há quem crie gado de corte, para os açougues de Eldorado do Carajás e Curionópolis. Mas é tão pouco que quase não conta.

O que conta, isso sim, é a galhardia com que continuam enfrentando uma batelada de dificuldades.

Quando chega a época de chuvas — no primeiro semestre de cada ano —, muitas vezes a Vila fica isolada, por causa das condições precárias da estrada de terra que sai do asfalto e chega até o aglomerado de casas.

Em 2006, os moradores e suas lavouras ficaram praticamente isolados durante vinte longos dias, entre março e abril, justo quando se registravam os primeiros dez anos do massacre. Os agricultores não tiveram como levar sua produção até Eldorado, Curionópolis e Parauapebas, e com isso perderam, uma vez mais, tempo, trabalho, dinheiro e paciência.

Nada, porém, é capaz de alterar uma rotina consolidada ao longo dos anos.

A jornada de trabalho começa às cinco da manhã, com A Voz, os quatro alto-falantes da torre da praça, cada um apontado numa direção, transmitindo as notícias do dia. A escola começa a funcionar por volta das sete.

Cada família que trabalha a terra conseguia, no final de 2006, uma renda mensal de cerca de 600 reais, pouco menos que dois salários mínimos.

O PREÇO DE UM SONHO

"Claro que é pouco", diz Raimundo Gouvêa, um dos pioneiros, que no dia 17 de abril de 2006 era um dos dirigentes do MST mais procurados na região. Seu nome estava na lista preparada por fazendeiros e entregue à Polícia Militar do Pará, indicando as lideranças mais perigosas e nefastas.

"Mas é muito mais do que antes, quando não tínhamos nada, e só sonhar a gente sonhava, às vezes, com um pedaço de terra para trabalhar", continua ele. "Às vezes, porque a gente não conseguia sonhar quase nunca."

Conversamos num fim de tarde. Com seu boné vermelho do MST, Gouvêa é um homem de fala serena e olhos vigilantes. Exerce uma influência palpável. É um dos coordenadores, por ser veterano, por ter experiência, por ser um sobrevivente.

Hoje, uma de suas funções na Vila pacata é ser A Voz, aquela que desperta o pessoal no amanhecer.

Mas ele é, também, parte da memória do lugar — dos tempos de horror do massacre e das dificuldades do começo aos tempos de agora, em que parecem ter conseguido tocar o sonho com as mãos: a terra, a subsistência, a casa de cada um.

Daqueles anos da chegada, Gouvêa ainda lembra as vezes em que voltou para casa e para os seis filhos sem levar comida alguma, porque os feijões, o arroz, a farinha e as bolachas estavam estragados, e os pequenos sacos de açúcar e sal, empedrados para sempre. Lembra até hoje a humilhação que os assentados sofriam.

"O pior", diz ele, "é que os que nos maltratavam eram pobres que nem a gente, desgraçados que nem a gente, humilhados que nem nós, e ainda assim humilhavam a gente."

Eldorado do Carajás ficou marcada pelos mortos daquele abril distante, e nos primeiros tempos rejeitava os assentados. Ser um sem-terra, em Eldorado, era sinônimo de desocupado, invasor, marginal.

O MASSACRE

"Padecemos uns quatro, cinco anos, até eles entenderem que somos trabalhadores, não somos ladrões de terra nem de nada, e fizemos o que fizemos porque nunca tivemos nada e tínhamos perdido tudo, até a esperança de viver", diz Gouvêa.

Aos poucos, a cidade rude parou de culpar os assentados pela má fama surgida naquela quarta-feira, 17 de abril de 1996. E, desde que chegaram a um bom entendimento, a convivência mudou radicalmente.

Agora, a produção dos assentados garante vida ao comércio local. E mais: os assentados são os responsáveis pela expansão desse comércio, registrada sobretudo a partir de 2002.

Quem conversa com os veteranos, os pioneiros da Vila 17 de Abril, ouve um mesmo cantochão: a vida que levam é uma espécie de sonho realizado.

"Eu asseguro, cavalheiro, que não existe melhor lugar para se viver nesse Brasil. E isso é sabido. Eu mesmo já ouvi isso de pessoas internacionais que vieram visitar a nossa Vila", diz, entusiasmado e solene, Antônio Alves de Oliveira, o Índio.

Ele estava na marcha do dia 17 de abril de 1996.

Traz, no corpo, as marcas da metralha que os alcançou naquela tarde. Sua perna esquerda está incrustada de grãos de chumbo, e trabalhar na lavoura é impossível.

Ele diz que, pelas noites, ainda ouve o estrondo dos disparos, os gritos das mulheres, e que pode ver, nos sonhos ruins, seus companheiros mortos.

Antes de ter seu pedaço de terra, ele trabalhou em garimpos, foi agricultor em campos alheios, vagou em busca de comida, sobrevivendo à própria vida.

O PREÇO DE UM SONHO

Nunca foi dono de nada. Agora, bate na parede de tijolos caiados e insiste: "Esta é a primeira casa que tive na vida. A gente ganhou ela. Juntos."

Depois aponta para a janela aberta:

"E tenho a minha terra. Ninguém tira ela de mim. Aqui vou ser enterrado. Esse é o meu sonho. Pena que, para que ele virasse verdade, tantos amigos tenham tido de morrer."

A HISTÓRIA DE UM MASSACRE IMPUNE

No entardecer da sexta-feira, 23 de setembro de 2005, o coronel Mário Colares Pantoja, da Polícia Militar do estado do Pará, deixou o quartel onde estava preso, em Belém. Foi levado por familiares para algum lugar desconhecido, para preservar o silêncio absoluto que se impôs desde sempre. Passadas poucas semanas, fez uma breve declaração. Reiterou que apenas cumpriu ordens.

E, em seguida, voltou ao silêncio.

No dia anterior, em Brasília, uma decisão do ministro Cezar Peluso, do Supremo Tribunal Federal, tinha assegurado a ele o direito de permanecer em liberdade até se esgotarem todos os recursos permitidos pela lei. Coisa para vários anos. Quantos, impossível prever.

Em 2002, o coronel Pantoja foi condenado a 228 anos de cadeia — dezenove penas de doze anos cada. Além de todas as protelações e recursos permitidos pelas leis brasileiras, ele contou com a benevolência do sistema judiciário, e só foi efetivamente recolhido a um quartel da Polícia Militar em novembro de 2004. Foi solto em setembro de 2005.

No total, desde o massacre, em abril de 1996, ele ficou nove meses preso em quartéis da Polícia Militar, sempre em Belém, dormindo em salas transformadas em celas e passando os dias entre aquelas salas e o pátio.

O MASSACRE

Agora vive a rotina de esperar que se debulhe o imenso rosário de recursos a que tem direito nos tribunais de Justiça.

Dias depois daquela sexta-feira de setembro, foi libertado José Maria Pereira Oliveira, major da Polícia Militar do estado do Pará. Sua história está diretamente ligada à do coronel Pantoja. No mesmo julgamento, em 2002, ele havia sido condenado a 158 anos de prisão. E da mesma forma que seu companheiro de ação e infortúnio, passou cerca de nove meses entre salas e corredores de quartéis.

Foi libertado até que surja, se é que vai surgir alguma vez, uma decisão definitiva e irrecorrível para sua história — a mesma do coronel Pantoja.

Nove anos, cinco meses e seis dias antes de ser liberado, e mais ou menos à mesma hora — por volta das seis da tarde da quarta-feira, 17 de abril de 1996 —, o coronel Pantoja recostou-se sobre o para-lamas de uma camionete A-20 bordô estacionada na beira de uma estrada do interior do Pará, na altura do quilômetro 96 da rodovia PA-150, um lugar conhecido como Curva do S, a uns 9 quilômetros da pequena cidade de Eldorado do Carajás e a quase 800 quilômetros da capital, Belém.

Tinha 49 anos de vida, 28 de Polícia Militar, e estava exausto. Todos os músculos de seu rosto tremiam, seus olhos tingidos de vermelho brilhavam, e ele respirava pela boca, fazendo um ruído de fole. Seus lábios estavam cobertos por uma leve camada de espuma, o suor escorria por seu pescoço e empapava a gola de seu uniforme.

Suas mãos se sacudiam em movimentos desarticulados. Os dedos estavam brancos, de tanta pressão sobre o cabo de um revólver Taurus calibre 38, de seis tiros.

Havia cheiro de pólvora e de pânico no ar, e, espalhados pelos arredores, dezenove cadáveres e dezenas de feridos, sendo onze policiais, três deles atingidos por tiros disparados pelos sem-terra.

A HISTÓRIA DE UM MASSACRE IMPUNE

Os mortos eram pobres, muito pobres. Todos homens.

Entre os sem-terra feridos, sim, havia mulheres. Entre os mortos, não. Nenhuma mulher, nenhum policial.

Pouco mais tarde, já dentro do ônibus que os levaria de volta a Marabá, o coronel Pantoja virou-se para seus comandados e falou, em voz alta e clara: "Ninguém sabe nada, ninguém viu nada. Todos calados."

Durante as investigações, o coronel Pantoja desmentiria ter dito isso alguma vez. Ele se esqueceu de que havia testemunhas, a começar pelo motorista do ônibus, Pedro Alípio da Silva, que acabou recebendo ameaças anônimas de morte.

Anoiteceu naquela quarta-feira, e as luzes de Eldorado do Carajás se apagaram: a energia elétrica tinha sido cortada.

Naquela altura, no lugar dos incidentes — a Curva do S —, homens, mulheres e crianças zanzavam, em desespero, procurando parentes e amigos, tentando localizar mais feridos, vivendo o temor de encontrar mais mortos. Mães gritavam nomes de filhos, mulheres gritavam nomes de maridos.

Havia ainda uns poucos soldados tratando, em vão, de dispersar as pessoas e impedir que outras, vindas das cidades vizinhas, se aglomerassem ali. O cenário era iluminado por faróis de automóveis, camionetes, caminhões.

Os feridos estavam sendo atendidos no hospital Elcione Barbalho, em Curionópolis, a 40 quilômetros dali, e alguns foram depois levados para Marabá.

Os mortos foram recolhidos primeiro ao necrotério do hospital, aonde chegaram amontoados na caçamba da camionete A-20, pouco antes das nove da noite.

Horas mais tarde, foram tirados de lá e jogados na carroceria de um caminhão, que os levou para Marabá.

O MASSACRE

Na chegada a Curionópolis, primeira escala da viagem, havia na camionete dezoito cadáveres e um ferido, que foi salvo.

Era Inácio Pereira, de 56 anos, e viveu uma história de horror. Derrubado por policiais no meio do tumulto de tiros, gritos, bombas e pancadas, foi pisoteado, chutado um sem-fim de vezes, e ficou no chão feito morto, em silêncio, sem se mexer.

Passado o tempo, ouviu como alguém dava a ordem de botar os corpos na camionete. Um desses corpos era o de seu filho Raimundo, mas ele ainda não sabia disso.

Agarrado pelos braços, foi arrastado pelo chão e jogado em cima de cadáveres na caçamba da camionete. O corpo morto do filho estava embaixo dele. Não se tocaram.

Em cima dele foi atirado outro homem — supostamente, outro corpo morto. Inácio continuou num silêncio de pavor, e ouviu que em cima dele o homem gemia e dizia coisas sem sentido. A cabeça desse homem pendeu sobre o pescoço de Inácio, que não conseguia entender o que ele sussurrava entre gemidos.

Então alguém, que ele jamais saberia identificar, aproximou-se com uma lanterna e, à queima-roupa, disparou duas vezes contra aquele homem.

Inácio sentiu como o corpo se sacudia em espasmos velozes e finalmente serenava.

Até Curionópolis, o homem que morreu em cima de Inácio gotejou sangue. Quando foi tirado da camionete, Inácio Pereira estava com a roupa empapada — e também sua memória, que guardou para sempre essa jornada de terror.

Ouviu, do enfermeiro do hospital que se deu conta de que ele estava vivo, uma frase eterna: "Não foi desta vez." Em seguida, levaram Inácio para a enfermaria de emergência. Tinha conseguido escapar assim, fingindo-se de morto entre os mortos.

A HISTÓRIA DE UM MASSACRE IMPUNE

Seu filho, Raimundo Pereira, não teve a mesma sorte: foi morto. Inácio Pereira, ainda na estrada, na Curva do S, tinha visto o filho caído no chão, mas não sabia que era para sempre.

Logo depois da camionete com os dezoito mortos e Inácio ferido, contou José Venâncio Pinto de Souza, funcionário da prefeitura, chegou um vereador chamado Félix, levando mais um cadáver.

Lá pelas dez e meia, os dezenove mortos foram todos amontoados na carroceria de um caminhão, cobertos por tufos de palha e por um plástico negro, e levados ao Instituto Médico-Legal de Marabá, a pouco mais de 140 quilômetros de distância.

Tarde da noite, depositados na morgue de Marabá, vários cadáveres exibiam manchas arroxeadas, marcas de golpes e pontapés, furos de bala cercados de sinais de pólvora — indicando tiros à queima-roupa —, cortes profundos e lacerantes, fraturas expostas.

Naquela madrugada começaram as autópsias, feitas aos trancos e barrancos — faltou luz no necrotério em diversos momentos, e os médicos trabalharam usando lanternas — por três peritos, todos funcionários estaduais vinculados à Secretaria de Segurança Pública do Pará. Ou seja: todos subordinados, em última instância, a Paulo Sette Câmara, o secretário que recebeu do governador Almir Gabriel a ordem, que repassou para seu subordinado, o comandante-geral da Polícia Militar, coronel Fabiano Lopes, que por sua vez a despachou para o coronel Pantoja, de liberar a estrada bloqueada pelos sem-terra na Curva do S.

Foi liberando a estrada que se desatou o massacre.

Num primeiro instante, um desses peritos, o médico Gervásio Souza Filho, chegou a dizer que era impossível afirmar como as vítimas tinham sido mortas, e muito menos encontrar indícios de alguma execução sumária.

91

O MASSACRE

As autópsias foram feitas num salão cheio de policiais militares. Não havia mesas para os peritos escreverem seus relatórios. Os médicos sentaram-se num sofá e escreveram seus laudos em cima dos joelhos.

Na sexta-feira, 19 de abril, chegou a Marabá Nelson Massini, um respeitado perito em medicina legal, professor da Universidade Federal do Rio de Janeiro. Ele foi enviado pela Comissão de Direitos Humanos da Câmara dos Deputados, em Brasília, para acompanhar o caso.

Numa conversa que teve naqueles dias com o repórter Cláudio Tognolli, Massini contou que, assim que chegou, foi impedido de ver os corpos. Os legistas da Secretaria de Segurança Pública do Pará haviam dado as autópsias por terminadas, mandaram fechar os caixões e despacharam os corpos para serem enterrados.

Nelson Massini só conseguiu superar a resistência dos três médicos paraenses depois que o professor Paulo Sérgio Pinheiro, do Conselho de Defesa Permanente da Pessoa Humana, do Ministério da Justiça, telefonou para o ministro Nelson Jobim denunciando o boicote sumário imposto em Marabá e exigindo providências. O ministro telefonou para o governador Almir Gabriel, que mandou que se deixasse o legista enviado pela Comissão da Câmara dos Deputados trabalhar.

Abertos os caixões, contou Massini, "os corpos já exalavam, estavam putrificando, mas ainda assim não havia como apagar todas as evidências. Foi um massacre típico, com uso de força desnecessária, imobilização das vítimas, seguida de execução sumária".

Na verdade, e ainda que se ressalte essa eventual má vontade dos funcionários do Pará com as autoridades de Brasília, os laudos feitos pelo IML acabaram se transformando num inventário detalhado e macabro da violência desmesurada. O próprio parecer final, que apareceu no julgamento dos policiais militares, diz, entre outras conclusões, que "as mortes dos integrantes do MST não resultaram do confronto. A perícia técnica, robustecida pela prova testemunhal, autoriza a constatação de uma desmedida e injustificável execução sumária revelada por tiros de

A HISTÓRIA DE UM MASSACRE IMPUNE

precisão, inclusive à queima-roupa, por corpos retalhados a golpes de instrumentos cortantes, inclusive com esmagamento de crânio e mutilações que evidenciam o 'animus necandi' dos executores da ação criminosa".

Outros registros da violência não deixam espaço para nenhuma dúvida em relação ao tal *animus necandi* — a vontade de matar — das tropas da Polícia Militar naquela tarde.

Dos dezenove mortos, treze eram dirigentes ou coordenadores do MST. Dez levaram mais de um tiro. No total, foram 37 ferimentos de bala. Mais da metade dos tiros — dezessete — atingiram as vítimas na cabeça, no pescoço, no peito ou no abdômen. Pouco menos de metade dos mortos — 42% — também foi atingida por golpes de arma branca, punhais, foices ou facões, e mostravam ferimentos extensos e mutilações.

Uma das vítimas morreu por golpes de facão. Outra teve o crânio destroçado a pauladas. Uma outra teve o coração atravessado por uma lâmina larga, possivelmente de foice. As fotografias dos corpos não deixam dúvidas quanto à violência.

Vários dos mortos não foram identificados, num primeiro momento, por falta de documentos. Somente nos dias seguintes, com os cadáveres já de volta a Curionópolis, parentes e amigos puderam esclarecer suas identidades, durante o velório feito no salão paroquial da igreja da cidade.

Assim, foi possível saber que o cadáver do "ignorado número 02/96" tinha nome, sobrenome, mulher, endereço e história: era Antônio Costa Dias, de 27 anos. Foi reconhecido por Marinete Batista de Souza, conforme consta no inquérito policial, "brasileira, maranhense, solteira, 32 anos, lavradora, sabendo apenas assinar o nome".

Ela reconheceu o corpo como sendo de "seu esposo, já que o mesmo possui barba, bigodes grandes, bem como possuía uma cicatriz à altura do supercílio lado esquerdo e possuía as mesmas vestes no momento do conflito".

O MASSACRE

Marinete ainda informou aos policiais encarregados do inquérito que "o mesmo é maranhense, amancebado, 27 anos, lavrador, filho de pai não declarado e Maria da Conceição Costa".

Nesse linguajar burocrático, que se estende do inquérito policial aos laudos de exame realizados pelos peritos em medicina legal, se detalha como foram mortos os dezenove sem-terra. Ao tratar de Antônio Costa Dias, o laudo deixou registrado que o morto media "mais ou menos 1,75 m, de cor parda, em regular estado de nutrição, compleição mediana, cabelos castanhos ondulados". E que levou dois tiros "de baixo para cima, de trás para diante, e da esquerda para a direita".

Leonardo Batista de Almeida, 46 anos, levou um só tiro de fuzil 762 — na testa. Os peritos concluíram que foi disparado de longe.

Nem todos, porém, tiveram o mesmo destino de Leonardo Batista de Almeida ou Antônio Costa Dias — morrer depois de levar um ou dois tiros.

Raimundo Lopes Pereira, de 20 anos, foi atingido por uma bala debaixo do olho direito, outra na cabeça — que foi atravessada —, uma no lado direito do peito, outra nas costas, e teve fratura exposta num dos braços, o esquerdo, em função das agressões sofridas — não se sabe se quando ainda estava vivo, ou se os agressores despejaram sua sanha no cadáver. Também tinha, em várias partes do corpo, cortes profundos, feitos por arma branca não identificada.

Diferente foi o fim de José Ribamar Alves de Souza, de 22 anos: os tiros que o mataram foram disparados à queima-roupa. O que esfacelou seu crânio foi disparado de cima para baixo e de trás para diante. O que acertou seu abdômen foi da direita para a esquerda, também de cima para baixo.

Ele estava no chão quando foi atingido. Levou mais dois tiros no peito.

A HISTÓRIA DE UM MASSACRE IMPUNE

Antônio Alves da Cruz tinha 59 anos e levou dois tiros, mas morreu de outra causa: algum "instrumento de ação corto-contundente", uma lâmina, provocou uma forte hemorragia interna e externa, "com explosão do coração e do pulmão esquerdo".

Oziel Alves Pereira, 17 anos, um dos dirigentes do MST mais procurados pelas milícias dos fazendeiros e pela própria Polícia Militar, que o considerava um agitador perigoso, levou quatro tiros. Um atravessou sua cabeça, de trás para diante. Outro acertou sua testa pelo lado direito — a bala saiu pelo lado esquerdo da nuca. O terceiro foi no pescoço, de trás para a frente, também pelo lado esquerdo. O quarto e derradeiro foi disparado no lado direito do peito.

Contrariando os testemunhos de quem estava ao lado de Oziel no momento em que ele foi morto, e que asseguram que foi uma execução à queima-roupa, o laudo técnico diz que "os tiros possuem características de disparo à distância". Só não diz de qual distância.

A lavradora Maria Abadia Barbosa estava refugiada com Oziel e um grupo de pessoas, quase todas crianças e mulheres, entre elas a jornalista Mariza Romão, dentro de uma casa de madeira a poucos metros da estrada.

Ela conta que Oziel tentou fugir e foi apanhado vivo. Um dos policiais agarrou-o pelos cabelos, enquanto outro disparou à queima-roupa, na nuca de Oziel.

Outra testemunha — Luiz Ribeiro da Silva — conta que o major Oliveira disparou dois tiros com um revólver calibre 38, quando Oziel já estava caído, depois de ter levado o tiro na nuca.

O laudo também afirma que a pesquisa de marcas de pólvora, que comprovaria se Oziel disparou uma arma de fogo antes de ser morto, confirma "a presença de íons compatíveis com pólvora combusta em resíduo coletado da mão direita". Ou seja: Oziel usou uma arma antes de ser morto.

O MASSACRE

Ninguém mencionou que Oziel estava armado dentro da casa. Uma testemunha, porém, conta que enquanto estava na estrada, pouco antes de se refugiar no casebre de madeira, Oziel disparou pelo menos duas vezes "para o alto, com um revólver pequeno".

Este depoimento não aparece no inquérito policial. A testemunha pede anonimato. Diz que não quer mais problemas além dos que já enfrentou ao longo dos anos, desde o dia do massacre.

O inventário do horror continua: João Carneiro da Silva não morreu de tiro, morreu com o crânio esmagado. Sua mão esquerda quase foi decepada. O mesmo Luiz Ribeiro da Silva — um dos que viram Oziel ser morto — foi testemunha da morte de João Carneiro: ele presenciou como um soldado o atacou com um pedaço de pau pontiagudo, atingindo-o diversas vezes na cabeça. Finalmente, o soldado cravou a ponta do pau na testa da vítima.

Na linguagem burocrática do horror, "a pessoa foi morta com um pau enfiado na cabeça, partindo-a, e os miolos ficaram dentro de um buraco com sangue".

No caso de José Alves da Silva, 65 anos, o laudo é esclarecedor: primeiro, ele foi atingido por um tiro no calcanhar. Caiu, e então foi atingido na cabeça, por uma bala "que fez um percurso de cima para baixo e de trás para diante, indicando ter sido alvejado quando se encontrava no chão, em razão de outro ferimento a bala".

João Rodrigues Araújo foi atingido por um tiro no braço direito. O que causou sua morte, porém, foi o golpe de facão que atingiu sua perna esquerda, na altura da virilha: "a *causa mortis* foi hemorragia externa devida a seccionamento da artéria femoral esquerda por arma branca".

Graciano Olimpio de Souza, o "Badé", 46 anos, era um dirigente respeitado pelos militantes do MST — tanto pelos veteranos, que vinham de ações antigas, como pelos agregados ao movimento poucos meses antes, e que integravam a marcha. Quando o tiroteio explodiu,

96

A HISTÓRIA DE UM MASSACRE IMPUNE

ele tentou correr para o mato. Caiu, e foi agarrado pelas pernas por um policial militar chamado Cícero, que morava em Curionópolis e pertencia ao destacamento de Parauapebas. Arrastado de volta para a estrada, baleado por um tiro de fuzil, "Badé" implorou para não ser morto. Já havia outros policiais militares rodeando seu corpo estendido no chão. "Olha aí, safado, não era isso que vocês queriam?", perguntou um deles. "Queriam terra, agora vão ter!" Foram mais três tiros. Um deles despedaçou sua cabeça.

Naquela longa primeira madrugada, horas depois de tudo, bem longe de Marabá, para onde os cadáveres tinham sido levados, no asfalto da Curva do S restavam outras marcas, testemunhas mudas carregadas de vestígios da barbárie: charcos de sangue, restos de massa encefálica, pedaços de roupa, um mar de pés de sapatos e de sandálias, solitários e desencontrados.

A ação da Polícia Militar do Pará durou, da chegada dos soldados ao silêncio da desolação, menos de três horas. As consequências duram até hoje.

As mortes foram o resultado da ação de 155 policiais de dois grupos de soldados, cabos, sargentos, um tenente, um capitão, um major e um coronel da Polícia Militar do Pará. Parte veio de Marabá: eram 85 homens, comandados pelo coronel Pantoja. Outra parte — 68 homens — veio de Parauapebas, do quartel local, comandado pelo major José Maria de Oliveira.

O coronel Pantoja, por ser o comandante do 4º Batalhão da PM do Pará, foi o chefe máximo da operação. Partiu dele a ordem dada ao major Oliveira: que só começasse a disparar depois de ouvir a tropa de Marabá atirando.

Os soldados carregavam armas de regulamento: sete revólveres calibre 38, onze revólveres calibre 32, dez submetralhadoras calibre 9

O MASSACRE

milímetros, 66 fuzis calibre 762, além de 29 cassetetes, catorze escudos, bombas de gás lacrimogêneo e bombas de efeito moral.

De acordo com essa conta, havia mais homens que armas. A explicação que jamais pôde ser comprovada: essas eram as armas oficialmente reconhecidas pela Polícia Militar. Haveria outras, de procedência estranha à corporação.

Não é este, porém, o único fato raro: todos os homens do destacamento de Parauapebas haviam arrancado dos uniformes as etiquetas obrigatórias, com seus nomes: nenhum sobrevivente soube identificá-los. Só aqueles que conheciam de antes, por alguma razão, os soldados de Parauapebas puderam indicar nomes ou apelidos. Sobrenomes, não.

Outra irregularidade: no quartel de Parauapebas, na manhã do dia 17 de abril, o soldado Antônio Mendonça Lima era o armeiro — o encarregado de entregar armas e munição aos policiais militares. Entre nove e dez horas daquela manhã, ele recebeu do subcomandante da companhia, o tenente Jorge Nazaré Araújo dos Santos, a ordem de distribuir armas para a tropa que iria cumprir uma missão.

Detalhe: ele não deveria fazer a cautela das armas entregues.

Cautela é o livro de registro indicando que arma e que munição foram entregues a quem. Quando a arma é devolvida, registra-se o seu uso e a quantidade de munição que foi gasta. Este é o procedimento regulamentar.

Em ocasiões absolutamente excepcionais, usa-se outro tipo de cautela: uma ficha solta, na qual fica anotado o tipo de arma, a quantidade de munição e quem a recebeu. Essa ficha deve ser arquivada depois da devolução da arma, como registro.

Naquele dia, o tenente Jorge disse que o procedimento seria outro, por se tratar de uma emergência. Cada policial militar recebia a arma e deixava a cautela — ou seja, a ficha solta, isolada, sem identificação —, que seria devolvida a ele quando entregasse a arma de volta. Assim, não sobraria registro algum de nada.

A HISTÓRIA DE UM MASSACRE IMPUNE

A entrega das armas levou cerca de uma hora, e a tropa permaneceu pelo menos outras duas horas no quartel antes de sair. É um prazo um tanto longo para uma emergência. Haveria tempo de sobra para que o registro formal e regulamentar fosse feito.

Já tarde da noite, e depois, na madrugada do dia 18, muitas horas depois do massacre, as armas foram devolvidas aos poucos, conforme os policiais militares retornavam ao quartel de Parauapebas. Não houve controle da munição gasta. Ninguém poderá dizer quantos tiros foram disparados por qual arma e muito menos por qual policial.

A ordem recebida pelo coronel Pantoja e repassada à tropa havia sido curta e clara: liberar a estrada bloqueada por cerca de 2.500 manifestantes do MST. Levaram pouco menos de quarenta minutos para cumpri-la e, ao mesmo tempo, deixar a marca perene numa história salpicada de violência contra aquela gente miserável, muitas vezes faminta, que punha em jogo a vida para ter um pedaço de terra onde plantar, viver e morrer.

Num país que prima pela desigualdade e a injustiça, pela violência desenfreada e a omissão das autoridades, o que aconteceu naquela tarde transformou-se num símbolo da perversidade de um sistema que insiste em marginalizar muitos para privilegiar uns poucos e, principalmente, assegurar sua impunidade.

Tudo o que aquela gente queria era ser ouvida pelas autoridades.

Vinham marchando fazia uma semana, em longas filas de homens, mulheres, velhos, crianças, jovens — muitos jovens —, todos impulsionados pelas reivindicações do MST e embalados pelas promessas do governo federal.

Reivindicavam a imediata desapropriação de 40 mil hectares de terras que consideravam ociosas da fazenda Macaxeira. Para pressionar

O MASSACRE

as autoridades, decidiram lançar-se numa descabelada marcha de quase 900 quilômetros até Belém, a capital do estado.

Os líderes do MST sabiam que seria impossível levar tanta gente tão longe, mas também sabiam que aquele êxodo dramático era uma forma radical — talvez a única — de despertar atenções para suas demandas.

Negociaram com o governador Almir Gabriel, homem do mesmo PSDB do presidente Fernando Henrique Cardoso, e que ostentava até aquele momento uma trajetória considerada sólida como democrata e progressista — ao menos, para os padrões e as circunstâncias locais. Queriam ser recebidos por ele, na capital, como forma de exercer pressão sobre a delegacia regional do Incra e, em última instância, sobre o governo federal.

Os manifestantes pediram ônibus para levar uma comissão até Belém. Também pediram comida e remédios. Como a resposta demorou e havia muita gente passando fome, não tiveram dúvida: saquearam um caminhão carregado de alimentos destinados a comerciantes da região, e finalmente bloquearam a estrada pedindo mais comida.

Tudo isso nas vésperas do dia do horror.

Quando a tarde da quarta-feira 17 de abril ia em meio, dois ônibus chegaram até o lugar onde os manifestantes haviam se reunido para bloquear a estrada e esperar.

Os ônibus tinham sido alugados no dia anterior, a partir de um telefonema dado por um funcionário da Companhia Vale do Rio Doce.

Traziam a tropa e a ordem recebida do governador Almir Gabriel: desobstruir a estrada.

Do lado do MST, dizem seus militantes que o arsenal se resumia a três revólveres e uma garrucha, dezenas de foices e facões, bastões, porretes, enxadas e um número incerto de garrafas explosivas — coquetéis Molotov. Nenhuma dessas garrafas chegou a ser lançada contra as tropas da Polícia Militar. Eles admitem, além do mais, ter utilizado pelo menos dois dos revólveres calibre 38 e a garrucha de seu exíguo arsenal.

A HISTÓRIA DE UM MASSACRE IMPUNE

Já no inquérito policial feito após o conflito, o número e o tipo de arma são bem outros: foram entregues pela PM, como armas dos militantes do MST, dez revólveres calibre 38, três calibre 32, uma garrucha calibre 22, outra "de fabricação caseira", sem calibre estabelecido, e 17 espingardas, também "de fabricação caseira". Essas armas apreendidas pela Polícia Militar foram submetidas a perícia, que indicou que 13 revólveres, dez espingardas e uma garrucha dispararam naquele dia.

Coordenadores e militantes do MST asseguram que parte dessas armas jamais esteve em poder do movimento, e acusam a polícia militar de ter fraudado provas, entregando revólveres e espingardas que não estavam em mãos dos manifestantes. Seriam, principalmente as armas classificadas como "de fabricação caseira", espingardas apreendidas de caçadores apanhados na área da Vale do Rio Doce. Eles esclarecem, além do mais, que os dois únicos revólveres calibre 38 utilizados naquele dia jamais foram apreendidos: continuaram no acampamento durante muito tempo.

O primeiro a morrer foi um homem que era surdo, não se deu conta do que se passava e se pôs bem no meio dos soldados.

Os sem-terra tentaram reagir com pedras, paus, facões, foices. Um dos sobreviventes, Raimundo Gouvêa, conta que ninguém ali imaginava que a tropa desceria dos ônibus lançando bombas de gás e disparando a torto e a direito.

Quando perceberam, já não havia para onde correr. A polícia matou quem quis, e do jeito que quis.

Meses depois, o governo do presidente Fernando Henrique Cardoso assinou a desapropriação da Macaxeira. Os assentados puderam, enfim, ter sua terra, e 66 deles ainda trazem no corpo restos de chumbo e as marcas do horror. Três dos que foram feridos no dia 17 de abril morreram tempos depois, em consequência dos tiros.

A terra que lhes foi entregue leva o nome de Vila 17 de Abril.

O MASSACRE

Por ali circula um jovem de corpo magro, que se chama Domingos e todo mundo chama de Garoto. Diz que planta milho, feijão, melancia, abóbora.

Tinha 15 anos naquela tarde de 1996, quando foi alvejado por mais de dez tiros da polícia na Curva do S.

Sua perna direita ficou quase três centímetros mais curta que a outra, e isso depois de onze cirurgias. Ele precisa de botas ortopédicas, que o governo do Pará prometeu em 1997, mas nunca deu.

Todas as noites, Garoto tem o mesmo sonho: está outra vez estendido no asfalto, e vê quando se aproxima o cano negro de um fuzil, e atrás do fuzil aparece um par de botas militares e uma voz que grita "Agora sim, eu acabo com você!".

E então Garoto desperta no meio da noite.

A LONGA MARCHA AO ENCONTRO DA MORTE

Garoto era uma das 4.221 pessoas que, na noite do dia 10 de abril de 1996, começaram a marcha rumo a Belém do Pará, organizada pelo MST. Muitas dessas pessoas estavam reunidas desde meses antes. Em setembro de 1995, boa parte delas havia se instalado num acampamento perto da fazenda Macaxeira, com suas barracas de plástico negro e grosso marcando as margens da estrada que liga Curionópolis a Parauapebas.

Começava a tensão, surgiam, aos poucos, os primeiros indícios do conflito que desembocaria em tragédia meses mais tarde.

Convocados, técnicos do Incra — o Instituto Nacional de Colonização e Reforma Agrária — vistoriaram as terras reivindicadas pelos acampados.

Na verdade, mais que propriamente uma fazenda, a Macaxeira era um complexo que reunia quatro propriedades bastante extensas — mais de 40 mil hectares — que Plínio Pinheiro Neto, filho de dona Otília Pinheiro, dona das terras, usava como pasto. Formavam o complexo as fazendas Castanhal Macaxeira, Castanhal Fundos de Macaxeira, Castanhal Volta do Rio e Castanhal Grota Verde — tudo isso conhecido por Macaxeira.

Eram esses os nomes originais, quando havia ali, efetivamente, um denso e enorme castanhal. Mas naquele setembro de 1995 não existia quase nada além de vastas pastagens, capinzais de ninguém, cobrindo o terreno onde o que restava dos castanhais de antes eram troncos queimados, alguns apontando o céu, outros tombados sobre o capim.

Os técnicos do Incra fizeram a vistoria e deixaram registrado, em seus laudos, que se tratava de área "passível de desapropriação". Ainda assim, no parecer final da superintendência regional, cuja sede ficava em Marabá, as terras foram classificadas como produtivas.

O acampamento saiu da beira da estrada e virou ocupação. Alguns coordenadores do MST insistem, passados mais de onze anos, que Francisco Graziano, na época presidente do Incra, chegou a admitir, em suas conversas, que a fazenda seria desapropriada. Depois, voltou atrás.

Então, no dia 5 de novembro de 1995, a Macaxeira de Plínio Pinheiro Neto foi ocupada. Para os sem-terra, e aliás para todos os pequenos agricultores da região, ele era tido como um homem perigoso, um grileiro que ao se apossar daquelas terras havia dizimado várias famílias indígenas e escapado impune, como de costume naqueles confins.

Havia um clima de franca euforia entre os mais de 10 mil invasores da Macaxeira, naquele 5 de novembro. Começou ali, naquele instante, o que seria uma nova etapa de uma dura negociação entre sem-terra e governo federal.

Todos os que ocuparam a Macaxeira eram ex-garimpeiros que haviam entrado no MST poucos meses antes. Haviam se juntado na vizinha cidade de Curionópolis, um centro de veteranos buscadores de ouro e pedras preciosas transformados em garimpeiros sem garimpo nem trabalho e, muito menos, perspectiva.

O acordo entre eles e o MST, que os tratava por "ocupantes" — isso de "invasores" ficava a cargo da imprensa, das autoridades e, claro, dos fazendeiros vizinhos —, determinava que desandassem a plantar.

A LONGA MARCHA AO ENCONTRO DA MORTE

Instruções como essa faziam parte do meticuloso trabalho de convencimento que o MST havia feito com os garimpeiros. O chamado "trabalho de base". Que nem pensassem em cavar atrás de um suposto novo garimpo. Que plantassem.

No começo de 1996, depois de quase dois meses de espera vã, o ambiente entre os ocupantes tornou-se especialmente nervoso. Para completar, ocorreram muitos e seguidos momentos de tensão elevada, com a ameaça de serem atacados por milícias de segurança dos fazendeiros ou pelos guardas da vizinha Companhia Vale do Rio Doce.

Em janeiro de 1996, o MST decidiu que seria mais prudente que parte daquelas pessoas saísse das terras ocupadas e se instalasse na cidade de Curionópolis. Escolheram uma área da prefeitura e fincaram pouso em plena área urbana.

Enquanto isso, as negociações com o Incra e também com o governo do estado, através do Iterpa — Instituto de Terras do Estado do Pará —, prosseguiam. O MST rejeitava a última decisão do Incra, pedia uma revisão dos laudos. Para os coordenadores do MST, o laudo que declarava os pastos e capinzais de Plínio Ribeiro como sendo terra produtiva seria resultado de suborno de funcionários do Incra. Desconfiavam inclusive que a alta cúpula do organismo no Pará tivesse sido subornada não apenas por Pinheiro, mas por outros proprietários de áreas extensas no estado, que funcionavam como uma espécie de consórcio, com um fundo de recursos destinado a defender seus interesses.

Em março, o ambiente entre os sem-terra acampados em Curionópolis, e também entre os que ainda estavam nas terras da Macaxeira, chegou ao auge da tensão.

Finalmente, no dia 8 de abril um grupo de mais de mil ocupantes saiu da fazenda e acampou em outro lugar de Curionópolis, um posto de gasolina abandonado. Naquela altura, a agitação na pequena cidade era mais do que intensa. Havia milhares de acampados por lá.

O MASSACRE

Os sem-terra tinham decidido anunciar a organização de uma longa marcha até Marabá, sede regional do Incra, para uma reunião com o superintendente estadual, Walter Cardoso, e depois seguir viagem até Belém.

Essa marcha, aliás, já estava planejada em detalhes, e em sigilo. Ou assim, pelo menos, pensavam os coordenadores e dirigentes regionais do MST.

Uma comissão reuniu-se com o prefeito da cidade, João Chamon Neto, do mesmo partido — PSDB — do governador Almir Gabriel, levando um pedido firme: dez toneladas de comida e sandálias para as mais de 4 mil pessoas (homens, mulheres, crianças, velhos, jovens) que, anunciaram os dirigentes e coordenadores do MST, pretendiam marchar até a capital. Uma caminhada de 812 quilômetros.

Em outra frente de negociação, com o Incra, os dirigentes regionais do MST tinham como interlocutor o advogado Ronaldo Barata, presidente do Iterpa. No começo de março, Barata tinha aceitado atender à demanda de 12 toneladas de alimentos e setenta caixas de remédios para os acampamentos de Curionópolis.

Não conseguiu fazer com que esse acordo fosse cumprido: nem o Incra nem o governo de Almir Gabriel concordaram.

Assim, todas as reuniões entre manifestantes e autoridades acabaram sem que nenhum acordo fosse cumprido.

Um dia antes, por volta das onze da manhã de 9 de abril, um grupo de sem-terra havia radicalizado: a estrada entre Curionópolis e Marabá, a PA-275, foi fechada, vários caminhões ficaram bloqueados, e um deles, com carga destinada a armazéns e supermercados da região, acabou sendo saqueado.

Os sem-terra levaram arroz, açúcar, maçãs e todas as sandálias. Carregaram quase 16 toneladas, que foram parar no posto de gasolina ocupado por eles. E, é claro, carregaram também a fúria do prefeito e a ira dos comerciantes da região.

A LONGA MARCHA AO ENCONTRO DA MORTE

O saque foi presenciado por quem tornaria a cruzar o caminho dos sem-terra dias depois: o major Oliveira e um grupo de soldados do destacamento da Polícia Militar de Parauapebas. Impassível, o major não interferiu, evitando um confronto. E ainda viu como os sem-terra hostilizavam seus comandados.

No dia 10 de abril, começaram os preparativos finais da marcha anunciada. Alguns dos coordenadores do imenso grupo conseguiram, a duras penas, comprar 80 litros de diesel num posto de gasolina, para fazer as quatrocentas tochas que seriam usadas à noite. O dono se negava a vender, porque entre os muitos rumores que corriam pela escassa população de Curionópolis havia o boato de que os sem-terra queriam fazer tochas para botar fogo na cidade e nas fazendas vizinhas.

Por toda a região falava-se dos sem-terra e da reação dos fazendeiros, que não escondiam sua preocupação e sua ira diante de tudo que estava acontecendo.

Naquela altura, fazia um mês que o próprio secretário de Segurança, Paulo Sette Câmara, havia participado em Belém — ao lado de seu colega de Interior e Justiça, Aldir Viana, e do próprio governador Almir Gabriel — de uma agitada e nervosa reunião com fazendeiros convocados pelo Sindicato dos Produtores Rurais de Curionópolis, pelo Sindicato dos Ruralistas de Marabá, encabeçados pelo seu presidente, Carivaldo Ribeiro, e por lideranças da Federação dos Fazendeiros do Estado do Pará.

Todos, principalmente o governador, ouviram exigências claras de ações mais duras contra o MST. Sette Câmara recebeu uma lista com os nomes das lideranças consideradas mais perigosas. Por uma ironia das coincidências, foram listados dezenove nomes — o mesmo número de mortos em Eldorado do Carajás. Entre esses nomes, destacavam-se os de Oziel Alves Pereira, Graciano Olímpio de Souza e Raimundo Gouvêa. Os dois primeiros foram mortos na Curva do S. Raimundo Gouvêa conseguiu escapar vivo.

Nessa reunião dos fazendeiros, a ira de Sette Câmara havia se multiplicado e estava no auge. Da mesma forma, haviam redobrado as pressões sobre o governo do Pará e, em especial, sobre a Polícia Militar, para acabar com as ações do MST.

Os fazendeiros exigiam que o governo do estado mobilizasse a Polícia Militar para fazer cumprir as sentenças de reintegração de posse de terras ocupadas por militantes do MST. Almir Gabriel não prometeu nada concreto, mas assegurou que tomaria todas as providências para respeitar as determinações da Justiça. Que, aliás, não havia se manifestado sobre a marcha ou as reivindicações dos sem-terra.

Almir Gabriel também informou que o caso mais premente, o da Macaxeira, estava sendo analisado em caráter de urgência por Brasília.

Daquela reunião de março haviam saído as diretrizes do que deveria ser feito, da parte dos produtores rurais, para impedir que a ação dos sem-terra se alastrasse, e que a maré de reivindicações crescesse a ponto de se tornar uma ameaça. Fazer correr a voz, entre fazendeiros e comerciantes da região, alertando sobre os riscos de ações violentas do MST era uma dessas diretrizes; outra, identificar e reprimir duramente as lideranças mais ativas.

Da parte do governo: redobrar medidas de segurança, mobilizando um número maior de policiais, para impedir novas invasões de fazendas, e, principalmente, obstrução de estradas, com o consequente impedimento do trânsito de produtos e mercadorias.

Um mês depois, no começo de abril, o que havia de concreto — além dessas iradas exigências — era a mobilização dos sem-terra.

Às sete da noite do dia 10 de abril foi feito o censo final dos participantes da marcha: 4.221 pessoas, divididas em vários grupos. Outras

A LONGA MARCHA AO ENCONTRO DA MORTE

tantas ficaram nos acampamentos armados nas matas da fazenda Macaxeira, nos arredores de Curionópolis.

Uma hora depois, com inesperada e insólita pontualidade britânica, e disciplina germânica, começou a caminhada, à luz das tochas embebidas no diesel comprado naquela mesma tarde.

A questão das terras da Macaxeira deixava de ser um assunto local e passava a chamar atenção do país, curioso por saber o que era aquela marcha de miseráveis por uma estrada longínqua do sul do Pará.

Na escuridão da primeira noite, todos andavam organizadamente, em fileiras disciplinadas. Essa organização durou 2 quilômetros, pouco mais. Depois, a marcha virou uma espécie de festa ambulante.

Para transportar a comida que tinha sido saqueada dois dias antes, os coordenadores do MST contrataram um caminhão. E também um velho Ford Corcel azul, para servir de carro de som. Oziel Pereira, um dos organizadores da marcha, era também o encarregado de distribuir palavras de ordem e, ao mesmo tempo, tratar de pôr um pouco de disciplina, mas sem perder de vista o calor e a alegria daquilo tudo, que tinha se transformado em festança em movimento.

Às três da manhã do dia 11 de abril de 1996 fizeram a primeira parada. Em cinco horas, haviam caminhado 12 quilômetros. O ambiente era de euforia: alguns ainda tiveram fôlego para cantar e dançar, depois de tanto andar.

Entre Curionópolis e Eldorado são 40 quilômetros de estrada. Chegaram no dia 15, de tardinha. Naquele passo — média diária de 8 quilômetros —, levariam cem dias para chegar a Belém. Aliás, dos 4 mil e tantos participantes iniciais, dois terços continuavam marchando. Muitas mulheres e crianças haviam sido mandadas de volta no meio do caminho entre as duas cidades: os organizadores descobriram rapidamente que era impossível organizar tanta gente.

O MASSACRE

Havia problemas sérios na hora de preparar comida, além da preocupação dos responsáveis pelos casos de saúde: muitos dos participantes padeciam de subnutrição, sofriam desmaios, havia casos de desidratação, diarreia e um sem-fim de doenças sem maior gravidade, mas que poderiam se transformar num problema sério. Diante dos riscos de aquilo virar um caos incontrolável, resolveu-se diminuir o número de participantes.

No dia 16 de abril, logo de manhãzinha, continuaram as negociações entre o MST e a prefeitura de Eldorado do Carajás. Os sem-terra queriam comida.

Os sem-terra armaram um acampamento na margem direita da Curva do S, no sentido de quem vai de Marabá a Eldorado. Havia, perto das barracas, uma construção de madeira, espécie de armazém de beira de estrada. Na margem oposta havia duas casas, também de madeira, também modestas, onde moravam duas famílias. Uma delas vendia almoço para caminhoneiros que eventualmente paravam ali. Tudo muito pobre, tudo muito simples.

Naquela altura, por toda a região, a marcha do MST havia se tornado o assunto principal e criado uma grande agitação. Falava-se de novos saques, de atos de violência, da intenção de ir invadindo terras pelo caminho.

Falava-se de tudo, mas na verdade não havia acontecido absolutamente nada além de um bando enorme de pessoas caminhando pela estrada, cada vez mais exaustas.

E também naquela altura, a sorte da situação havia sido decidida em Belém do Pará: o tempo já estava sendo medido em dois relógios diferentes.

No de Eldorado, negociava-se incessantemente. No de Belém, o governador Almir Gabriel, depois de muito conversar com Sette Câmara e com o comandante-geral da Polícia Militar, resolveu — na noite da segunda-feira, 15 de abril de 1996 — que não haveria mais conversa alguma.

A LONGA MARCHA AO ENCONTRO DA MORTE

No dia seguinte, avisou ao superintendente do Incra, Walter Cardoso, e ao presidente do Iterpa, Ronaldo Barata, que havia dado ordens para que a estrada fosse desimpedida imediatamente (na verdade, ela não tinha sido ainda bloqueada).

Ou seja: que a marcha fosse dispersada, seus dirigentes detidos, que se fizesse o que fosse preciso para acabar com aquilo que ameaçava ganhar proporções imprevisíveis em Eldorado.

A centenas de quilômetros de distância de Belém, nas vizinhanças da Curva do S, a Polícia Militar acompanhava as conversas dos coordenadores da marcha com o prefeito. Era a mesma tropa de Parauapebas comandada pelo mesmo major Oliveira que havia assistido, inerte, ao saque ao caminhão em Curionópolis, dois dias antes.

Os policiais militares viviam uma situação muito parecida com a dos milhares de manifestantes: cansados, tensos, numa expectativa exaustiva, irritados, sem saber o que aconteceria a qualquer momento — só sabiam que alguma coisa haveria de acontecer.

No começo da tarde da segunda-feira, dia 15, parte da comida pedida — o suficiente para um dia — foi entregue. Mas aí a negociação já era outra, e bem mais complicada: os coordenadores da marcha insistiam em pedir que as prefeituras das três cidades vizinhas, Parauapebas, Curionópolis e Eldorado, conseguissem vários ônibus (começaram pedindo alto: cinquenta ônibus para levar manifestantes até Marabá, e mais cinco de lá até Belém; depois de muito negociar, a quantidade foi reduzida para apenas dois, que na verdade era a ideia inicial) para levar imediatamente cerca de cem manifestantes a Marabá e, depois, Belém.

Insistiam também no que fora combinado com Ronaldo Barata dias antes, e que não havia sido honrado pelo Incra, pelo governo estadual, por ninguém: as 12 toneladas de alimentos e as caixas de medicamentos.

O MASSACRE

À última hora, somaram um novo item à lista de pedidos, algo que não havia sido mencionado antes: garantias de segurança para as pessoas que iriam permanecer acampadas ali, esperando pela volta da comissão.

Os prefeitos encaminharam as reivindicações à capital, certamente ignorando que as decisões já estavam tomadas, e na direção contrária. Aos emissários do MST, disseram não ter como arranjar nem dois ônibus — facilmente encontráveis nas companhias de transporte interurbano da região — nem tanta comida, como a esperada, em tão pouco tempo.

Num gesto calculado para elevar ao máximo a pressão sobre o governo do Pará, no final da tarde da terça-feira, 16 de abril de 1996, os sem-terra fecharam a rodovia PA-150, na altura da Curva do S.

E então, pela terceira vez em oito dias, o major Oliveira, de Parauapebas, surgiu no caminho dos militantes do MST.

Ele havia recebido, entre as muitas ordens disparadas em várias direções naqueles dias nervosos, a de servir como negociador, afastando os prefeitos das três cidades do contato direto com os sem-terra — principalmente o de Eldorado do Carajás, onde tudo estava acontecendo. Embora naquele final de tarde ele soubesse que não havia mais nada a ser negociado, tinha a missão de continuar conversando com os coordenadores da marcha.

Naquela altura do nervosismo generalizado, em Marabá, o coronel Mário Pantoja argumentava com seus superiores que não tinha como cumprir de imediato a ordem de desfazer a caminhada dos sem-terra. Não havia como transportar quase uma centena de policiais até Eldorado do Carajás, nem ele tinha homens preparados para situações como aquela, nem recursos.

Nove anos depois, ao ser libertado, ele afirmaria que tentou demonstrar ao comandante-geral da Polícia Militar, coronel Fabiano Lopes, que

A LONGA MARCHA AO ENCONTRO DA MORTE

não dispunha de tropas treinadas especificamente para desmobilizar manifestações. Acrescentou ter advertido, na época, que seria preciso mais tempo — um, dois, três dias — para negociar com o MST.

Verdadeiro ou não esse relato, o fato é que Almir Gabriel e Sette Câmara já haviam determinado que nem uma única concessão seria feita a quem quer que fosse, que "o grupo" — na verdade, milhares de manifestantes do MST — deveria retornar aos acampamentos de Curionópolis, que a ordem deveria ser restabelecida, o controle da estrada reassumido, e que isso fosse feito do jeito que fosse, utilizando todos os meios e recursos necessários.

Consta — sem que seja possível comprovar — que por volta das oito da noite do dia 16 de abril de 1996 o próprio Almir Gabriel, num gesto incomum, teria falado por telefone, e aos berros, com o coronel Pantoja, recordando que uma ordem é uma ordem, e ponto final. Mas se não há registro dessa conversa, o que sobram são testemunhos da irritação e do nervosismo de Almir Gabriel naquela véspera do dia do horror.

Logo depois das mortes na Curva do S, e assim que foi recolhido em "reclusão disciplinar", no dia 19 de abril, o coronel Pantoja mencionou esse telefonema de Almir Gabriel — e a ordem recebida — aos seus advogados.

Naquele mesmo dia 19, 48 horas depois da tragédia, Almir Gabriel recebeu, em Belém, uma comissão da Câmara de Deputados, e reconheceu ter dado a ordem de desobstruir a estrada bloqueada pelos sem-terra. Esclareceu, porém, que essa ordem dizia que tudo deveria ser feito de maneira pacífica, e que as ações deveriam ser observadas por representantes do Ministério Público, pela Ordem dos Advogados do Brasil, a OAB, e pela imprensa.

Ninguém do Ministério Público foi informado. Nem da OAB. E a imprensa que havia por lá — testemunha essencial da brutalidade e da sanha da Polícia Militar — se resumia à repórter Mariza Romão, da TV Liberal, afiliada à Rede Globo, a dois cinegrafistas e a alguns fotógrafos que acompanhavam a marcha dos sem-terra.

O MASSACRE

Nenhum jornal, nenhuma rádio, nenhuma emissora de televisão foi informada antes da ação que seria desencadeada pela PM.

Na verdade, e quando tudo já estava decidido, pouco antes do anoitecer do dia 16 de abril de 1996, véspera do massacre, lá na Curva do S, o major Oliveira ainda propunha saídas aos coordenadores da marcha: o MST liberaria a estrada, as negociações seriam aceleradas e ele próprio se comprometia a se empenhar ao máximo para conseguir o que estava sendo pedido. Ao mesmo tempo, e com outros representantes do MST, o tenente Jorge Nazaré Araújo dos Santos, subcomandante do quartel de Parauapebas, também negociava, prometendo as mesmas coisas que seu superior.

Os sem-terra jogaram duro: a estrada seria liberada de imediato, mas eles impunham um prazo para que suas reivindicações fossem atendidas: o meio-dia de 17 de abril.

Os ânimos entre manifestantes e policiais militares de Parauapebas já andavam mais do que exaltados. Ao longo daqueles dias, a repórter Mariza Romão serviu de intermediária em algumas conversas entre os sem-terra e o major Oliveira. Passados os anos, ela recorda com nitidez o clima que viveu durante aquelas longas jornadas.

Alguns dos sem-terra hostilizavam claramente soldados, cabos, sargentos, que se mantinham impassíveis, limitando-se a advertir na base do "deixe estar, quando chegar a hora vocês vão ver".

Naquele momento ela não sabia, nem tinha como saber, e os coordenadores do MST só desconfiavam levemente, que desde o acampamento dos ocupantes da Macaxeira, passando pela marcha, havia entre aquela gente toda um grosso contingente de policiais militares e informantes infiltrados. A maneira impassível com que ouviam as provocações dos sem-terra apenas reforçava a gana com que a tropa agiria pouco depois.

Até mesmo na reunião restrita em que se decidiram detalhes da organização da marcha dos sem-terra havia infiltrados, que repassavam

A LONGA MARCHA AO ENCONTRO DA MORTE

rápida e discretamente informações à Polícia Militar de Parauapebas, que as encaminhava a Marabá, que as encaminhava a Belém. Tudo que se tramava era sabido poucas horas depois. O suposto sem-terra que atuava como secretário de atas nas reuniões realizadas no acampamento, um certo Carlinhos, era informante da Vale do Rio Doce. Empregados da empresa repassavam as informações a quem de direito: o quartel da PM em Parauapebas.

Assim, medindo o grau de ebulição provocado pela caminhada dos sem-terra, razoavelmente informados de tudo que acontecia nas fileiras de milhares de pessoas, os responsáveis pela estratégia de dissolução da marcha sabiam como deveriam agir.

Pouco antes que se esgotasse o prazo dado pelos sem-terra para que suas reivindicações fossem atendidas, lá pelas onze da manhã do dia 17 de abril, o tenente José Nazaré Araújo dos Santos, do quartel de Parauapebas, chegou à Curva do S.

Trazia notícias enviadas pelo major Oliveira: nada feito. Nem ônibus, nem comida. Os ânimos tornaram a se eriçar.

Uma vez mais, foi alguém de fora — a mesma repórter Mariza Romão — quem procurou servir de intermediária entre os coordenadores da marcha e o major.

Ela tinha sido informada, na noite anterior, da decisão do governador Almir Gabriel. Chegou a dizer isso ao major Oliveira, ponderando que uma tragédia tinha de ser evitada. Que ele insistisse com seus superiores.

Não conseguiu nada positivo: o impasse era insolúvel. O governo exigia que a marcha fosse dissolvida para só então dizer se conversaria com os dirigentes do MST, que de novo resolveram responder jogando pesado: em uma reunião rápida, decidiram tornar a bloquear a estrada, o que começou a ser feito às 11h40.

O MASSACRE

Os homens se dividiram. Alguns formaram uma barreira, na direção de Eldorado. Um segundo grupo, em que também havia mulheres, formou uma outra, na direção de Marabá.

Entre esses dois grupos, do lado da barreira no rumo de Marabá, havia um caminhão de gado, que ficou atravessado na pista. Na versão divulgada pela imprensa na época, ao ver a estrada sendo bloqueada, o motorista abandonou o veículo, dizendo que iria almoçar. Não voltou mais.

Na verdade, o caminhão atravessado na pista foi aquele que o próprio MST havia alugado de um motorista chamado Ney, para transportar comida. Junto a esse caminhão, os sem-terra montaram uma espécie de trincheira com sacas de arroz e de feijão.

Entre as duas barreiras humanas ficaram as mulheres, as crianças, os mais velhos e o Corcel azul, que funcionava como carro de som e dentro do qual estavam alguns dos principais líderes da marcha.

Até aquele momento, por volta de uma e meia da tarde, os policiais militares de Parauapebas que estavam ali — pouco mais de meia dúzia — haviam se mantido à distância, uns dois quilômetros atrás, na estrada que vai de Eldorado a Curionópolis. Todos os outros estavam concentrados na companhia da Polícia Militar em Parauapebas, de prontidão.

Um pequeno grupo de cinco ou seis policiais militares montava uma barreira de controle de veículos no caminho entre Curionópolis e Eldorado do Carajás. Todos sem intervir em nada. Todos na espreita.

A única coisa que o major Oliveira podia fazer era esperar pelas ordens de entrar em ação, que viriam do coronel Pantoja. E, quando as ordens viessem, a coisa a fazer seria atacar. Do jeito que fosse.

As instruções de Belém eram indiscutíveis: aquela seria uma ação exemplar, capaz de desfazer a força demonstrada pelo MST e ao mesmo tempo convencer aquela multidão de manifestantes de que não valia a pena medir-se frente a frente com o poder e a ordem, ou seja, os fazendeiros, os comerciantes, a Vale do Rio Doce — não valia a pena

A LONGA MARCHA AO ENCONTRO DA MORTE

se meter com ninguém. Que não tornassem nem mesmo a pensar em bloquear estradas assim à toa.

Naquela altura — cerca de três da tarde —, pela rodovia PA-150, dois ônibus da Transbrasiliana Transportes e Turismo Ltda. e uma camionete A-20 levavam os homens do batalhão comandado pelo coronel Pantoja. O coronel viajava na camionete.

A estrada estava tão ruim naquela época de chuvas torrenciais que um dos ônibus chegou a atolar numa enorme cratera aberta na estrada. Safou-se, e a caravana seguiu na direção dos sem-terra.

Na tarde do dia anterior, o gerente da Transbrasiliana em Marabá, Gumercindo José de Castro, havia recebido o ofício de número 134/96, do 4º Batalhão de Polícia Militar, com data de 16 de abril, dizendo o seguinte:

> Solicito os bons ofícios de V.Sa., no sentido de reservar 02 (dois) Ônibus do tipo comercial dessa conceituada Empresa, para conduzir uma tropa de Policiais Militares deste Batalhão, para a cidade de Eldorado do Carajás — PA, e aguardar os mesmos naquela cidade, até o término de uma Diligência Policial Militar, para trazê-los de volta para esta cidade, mais precisamente o Quartel do 4º BPM.
>
> Outrossim, o pagamento das despesas com a presente solicitação será na tesouraria desta Unidade, mediante a apresentação desta requisição.

O ofício estava assinado por Mário Colares Pantoja, *CEL QOPM — RG 4833 — Cmt do CPR II/ 4º BPM.*

Pelo aluguel dos dois ônibus que fizeram o trajeto Marabá-Eldorado-Marabá, a Transbrasiliana recebeu 900 reais.

O MASSACRE

O aluguel de outros dois ônibus da mesma empresa, que, junto com a camionete A-20 bordô, sem placas, e um automóvel Gol azul cedido pela prefeitura da cidade, transportaram os 69 homens comandados pelo major Oliveira de Parauapebas até Eldorado, custou 740 reais — uma viagem de pouco mais de uma hora, com pelo menos uma parada no caminho. O major Oliveira viajou no Gol.

A Transbrasiliana tinha entre seus clientes habituais, naquele abril de 1996, o 4º Batalhão de Polícia Militar, em Marabá. Portanto, o telefonema recebido pelo gerente Gumercindo de Castro na manhã do dia 16, pedindo dois ônibus para a PM, não foi nenhuma surpresa. O que surpreende é que esse telefonema não tenha partido diretamente do 4º Batalhão e sim de um certo James, funcionário da Companhia Vale do Rio Doce, pedindo que os veículos fossem colocados à disposição do comando do quartel.

Ou talvez a surpresa nem seja tanta: afinal, as ligações entre policiais militares, fazendeiros e grandes empresas, especialmente a Vale do Rio Doce, eram moeda corrente — em todos os sentidos — na região. A empresa havia feito doações para a construção do quartel da Polícia Militar em Marabá e também financiou a instalação de hospitais em Curionópolis e Parauapebas.

Eram comuns as coletas entre fazendeiros, e também entre comerciantes, para reunir fundos, já que a Polícia Militar queixava-se insistentemente da falta absoluta de recursos. Além do mais, parte substancial das tropas da PM costumava prestar serviços de segurança privada nas horas livres.

Rica e generosa, a Vale do Rio Doce frequentemente cedia — quer dizer, alugava — ônibus para o batalhão de Marabá. A empresa também era cliente preferencial da Transbrasiliana, a ponto de manter contratos mensais. Cerca de trinta ônibus de sua frota costumavam ser utilizados para o transporte de funcionários da Vale. Ou, claro, eram alugados e "cedidos" para a PM.

A LONGA MARCHA AO ENCONTRO DA MORTE

Tanto assim que, no depoimento prestado pelo tenente Manoel Mendes de Melo, do mesmo quartel comandado por Pantoja, ao delegado Marco Antônio de Silva, aparece o relato do telefonema dado pelo coronel Fabiano Lopes, comandante-geral da PM. Quem atendeu foi o tenente Melo, que ficou encarregado de passar ao seu superior a ordem de desobstruir a estrada.

Pois lá está, registrado em seu termo de declarações à polícia judiciária da Secretaria de Estado da Segurança Pública do Pará, com todas as formalidades oficiais, a versão do tenente Melo para o caso dos ônibus:

> [...] tendo o declarante seguido para o local em que a estrada estava obstruída em um veículo tipo A-20, pertencente ao 4º B.P.M., em companhia do coronel Pantoja; afirma o declarante que seguiram o soldado Vladimir e o motorista CB/PM Luz; que a tropa foi conduzida em dois (02) ônibus da empresa Transbrasiliana, e o veículo A-20, já mencionado, tendo estes dois ônibus sido cedidos pela companhia Vale do Rio Doce.

Traduzido em linguagem mais linear e usual: para o tenente Melo, os dois ônibus foram não apenas reservados, mas efetivamente cedidos pela Vale do Rio Doce. Ou seja: não pareceu excepcional que a empresa estatal alugasse e cedesse ônibus para uma missão importante e delicada.

A fatura correspondente ao aluguel dos ônibus, em todo caso, foi emitida em nome do Batalhão de Polícia Militar, e não da Vale do Rio Doce. O pagamento foi feito diretamente no comando do batalhão, em Marabá, e em espécie, dias depois.

O aluguel dos outros dois ônibus, que transportaram a tropa de Parauapebas, continuava — passadas duas semanas — pendente de pagamento.

O MASSACRE

Assim, no meio da tarde da quarta-feira, 17 de abril de 1996, duas caravanas conduzindo policiais militares em ônibus da Transbrasiliana rumavam para Eldorado do Carajás. Uma, vindo de Parauapebas. A outra, de Marabá.

De acordo com o testemunho dos motoristas da Transbrasiliana, tanto os soldados que vinham de Marabá como os de Parauapebas viajavam em silêncio. No corredor entre os bancos de um dos ônibus vindos de Marabá havia algumas caixas de munição. Em seu depoimento durante as investigações, o coronel Pantoja diria desconhecer essas caixas.

Os ônibus com a tropa de Parauapebas — que realizaram uma viagem muito mais curta do que os que vinham de Marabá — fizeram uma parada de cerca de meia hora quando se aproximaram da cidade.

Pode ser — até hoje não foi possível comprová-lo — que nessa parada alguns dos policiais militares tenham mantido contato com um cidadão chamado Ailton Bispo dos Santos, conhecido como Carioca, um antigo motorista do Exército que trabalhava na região como corretor de cargas, depois de ter sido funcionário de confiança de alguns fazendeiros, a quem prestava ajuda em questões de segurança.

Quer dizer: um pistoleiro conhecido na região.

Pode ser também que tenha havido contato de alguns PMs com outro cidadão, chamado Gilberto Macedo Leão, o Jamaica, apresentado como vaqueiro da fazenda Macaxeira, mas que também prestava serviços como auxiliar de segurança. Outro pistoleiro.

Nos dias anteriores à tarde daquela quarta-feira, 17 de abril, Jamaica tinha se encontrado com soldados e cabos do reduzido destacamento da PM. Exatamente na tarde do dia 16, foi até o quartel de Parauapebas para se reunir com os policiais militares. Não escondia de ninguém sua ansiedade pelo que estava por acontecer.

De volta a Eldorado, tratou de convencer a guarnição local a participar das ações previstas para o dia seguinte. Dizia, a quem quisesse ouvir, que "a qualquer momento" os sem-terra seriam "varridos da estrada e mandados de volta para o lugar de onde vieram".

A LONGA MARCHA AO ENCONTRO DA MORTE

Também nas vésperas imediatas, Carioca teria sido visto — as testemunhas são muitas, mas nenhum de seus depoimentos formais foi comprovado pela investigação da Polícia Civil do Pará — num automóvel, carregando armas pesadas: carabinas, fuzis, escopetas.

Parte dessas armas teria sido usada pela tropa de Parauapebas no massacre. Talvez por isso os exames de balística realizados a partir de fragmentos de bala retirados dos mortos e feridos não coincidiam com as armas oficiais da Polícia Militar.

Esse dado, somado à inexistência das cautelas oficiais do armamento e da munição entregues aos integrantes da tropa que partiu de Parauapebas rumo a Eldorado, fez com que mais tarde fosse impossível determinar quem disparou que tipo de arma.

Foi justamente essa tropa — a do quartel de Parauapebas — que chegou primeiro a Eldorado do Carajás, por volta das quatro da tarde.

Sempre seguindo as instruções recebidas, o major Oliveira mandou seus homens descerem dos ônibus e esperarem, em formação, a uma determinada distância — nos depoimentos prestados durante o inquérito policial e diante do Ministério Público, falou-se em 200 metros e também em 800 metros — do bloqueio dos sem-terra na Curva do S.

A repórter Mariza Romão foi até lá, conversar com o major Oliveira. Ouviu dele uma advertência clara: se ficasse ali, sua vida corria perigo.

O coronel Pantoja, ao conversar naquela manhã com o major Oliveira por telefone, tinha sido de uma clareza absoluta: a tropa de Parauapebas só deveria entrar em ação depois de ouvir tiros vindos do lado de onde estaria a tropa comandada por ele e trazida de Marabá.

De longe, os sem-terra viram quando a tropa do major Oliveira tomou posição. O homem que estava no carro de som falando para as pessoas pediu que ninguém arredasse pé de onde estava, que não se deixasse intimidar pela presença da Polícia Militar, que ninguém teria coragem de tirá-los dali à força.

121

O MASSACRE

Esse homem era Oziel Alves Pereira. No calor de seu discurso, ele passou a ofender os policiais militares, dizendo que os sem-terra eram "mais homem" (assim, no singular, segundo a transcrição de depoimentos) que eles, enquanto incitava seus companheiros a preparar foices e facões para enfrentá-los.

Volta e meia, lançava o mesmo grito que tinha animado a marcha, e ouvia a mesma resposta. "M-S-T", gritava. "A luta é pra valer", respondiam os que aguardavam na pista interditada. Ou "Reforma agrária!", cuja resposta era "Uma luta de todos".

Maurílio da Silva Soares, outro que na época era dirigente do MST na região, de vez em quando tomava o microfone e lançava mais palavras de ordem.

Com um par de binóculos, vigiava a tropa de Parauapebas, estacionada à distância.

A tensão pesava no ar e durou cerca de meia hora, até a chegada dos dois ônibus e da camionete A-20 que traziam a tropa de Marabá.

Essa caravana parou bem perto de onde os manifestantes bloqueavam a estrada. Os ônibus ficaram na beira da rodovia, a poucos metros da barreira formada por homens e mulheres, ao lado do caminhão atravessado na pista e da barricada erguida com sacas de arroz e feijão.

As últimas instruções do coronel Pantoja a seus comandados foram muito parecidas com as que ele dera quando todos embarcaram nos ônibus, duas horas antes, em Marabá: que tomassem muito cuidado, se protegessem e desobstruíssem a estrada. Tudo dito de maneira muito tensa, muito rápida.

Assim, pouco depois das quatro e meia da quarta-feira, 17 de abril de 1996, o cenário da tragédia estava completo.

De um lado, a tropa do major Oliveira esperando em formação, na margem da estrada. Do outro, a do coronel Pantoja, preparando-se para descer dos ônibus.

A LONGA MARCHA AO ENCONTRO DA MORTE

E no meio, no asfalto, um grupo pequeno, de frente para a tropa de Parauapebas; outro, pouco menor, frente a frente com a tropa de Marabá; e entre esses dois grupos, um caminhão, a barricada de feijão e de arroz, e cerca de 2.500 manifestantes que participavam da fadada marcha dos sem-terra.

Nunca se saberá exatamente como tudo começou. De concreto, porém, sabe-se que foi do lado de lá da barreira armada pelo MST — ou seja, do lado da tropa que vinha de Marabá — que surgiram as primeiras explosões de bombas de gás lacrimogêneo e, em seguida, os primeiros tiros. Tudo conforme o desenho traçado.

Mais de duas dezenas de testemunhas asseguram que os policiais militares comandados diretamente pelo coronel Pantoja desceram dos ônibus jogando bombas de efeito moral — gás lacrimogêneo, que é um pouco mais que isso — e disparando para o alto.

Há outros depoimentos, menos numerosos, que descrevem uma ação policial um pouco mais racional: alguns policiais comandados pelo coronel Pantoja — cerca de quinze — teriam descido dos ônibus atrás de escudos e empunhando bastões compridos, e marchado decididamente na direção dos sem-terra que bloqueavam a estrada.

Aproximaram-se do caminhão que estava atravessado na pista, ficaram frente a frente com a primeira barreira de manifestantes — aquela composta por homens e algumas mulheres — e ouviram como, do carro de som, um homem incitava o grupo a resistir, a não sair do lugar.

Do lado da tropa, um policial militar — ninguém foi capaz de fazer uma identificação clara — disparou uma rápida rajada de metralhadora para o alto. Em seguida, foram lançadas bombas de gás lacrimogêneo.

Entre os sem-terra, começou uma correria enlouquecida. O homem do carro de som insistia em pedir que ninguém debandasse, que todos resistissem.

O MASSACRE

Foi quando, no meio do caos, um homem avançou, gesticulando muito, contra os policiais militares. Foi tombado por um soldado, que o golpeou na cabeça com um cassetete. No chão, foi chutado por outros soldados. E, tombado, ao tentar se erguer, levou três tiros — um na cabeça, outro debaixo do braço, um terceiro na linha da cintura.

Esse homem chamava-se Amâncio Rodrigues dos Santos, tinha 42 anos e era surdo.

Certamente não ouviu nem os pedidos de Oziel Alves Pereira para que os sem-terra resistissem à ação da polícia militar, nem as ordens dos soldados mandando todos correr.

Foi a primeira vítima.

Ao ver Amâncio caído, golpeado e morto, muitos dos que formavam aquela primeira barreira — na direção de Marabá — avançaram sobre os policiais militares, jogando pedras e pedaços de madeira. A tropa, então, passou a atirar a esmo. Houve, entre os sem-terra, quem respondesse aos tiros com outros tiros.

Que aliás, naquela altura, também soavam do outro lado da barreira, disparados pela tropa de Parauapebas, do major Oliveira. Os dois grupos de policiais militares deixaram os sem-terra encurralados no asfalto da PA-150.

A partir de Amâncio, o primeiro a morrer, o que aconteceu durante cerca de quarenta minutos, com intervalos entre os tiros, foi um massacre pesado, com requintes de violência, e com alvos determinados. De outra forma, como explicar que, em uma multidão coalhada de mulheres e crianças, apenas dezenove pessoas tenham morrido, e entre elas não houvesse nenhuma mulher, nenhuma criança?

Principalmente entre a tropa vinda de Parauapebas, talvez pela proximidade com Eldorado e Curionópolis, a sanha com que os policiais

124

A LONGA MARCHA AO ENCONTRO DA MORTE

militares agiram contra os sem-terra, que havia semanas tumultuavam a região com sua marcha e as ocupações, parecia incontrolável. Entre gritos de vingança — "Agora aprende, filho da puta!" — ou de advertência esclarecedora — "Taí o que você merece, filho da puta!" — registrados para sempre na memória dos sobreviventes, choviam tiros, golpes de foices tomadas dos sem-terra, chutes. Vários soldados repartiam entre si palavras de estímulo: "É pra matar mesmo, matar essa cambada!"

Tudo isso está no processo criminal aberto a partir do massacre daquela quarta-feira de abril de 1996.

Não houve, ao contrário do que se tentou difundir logo após a violência e o horror, conflito algum. Não aconteceu nenhum confronto. É verdade que havia homens armados entre os sem-terra, e que eles dispararam contra os policiais militares.

Não há prova alguma — nem sequer indício razoável — de ter havido mais do que cinco manifestantes armados, que se revezaram no uso das armas. Foram identificados: Maurílio da Silva Soares, Júlio César Barbosa da Silva, Grenon Ferraz Maia e Luiz Vanderley dos Santos, que tinha 17 anos de idade.

O laudo do Instituto Médico-Legal afirma que foram detectados resíduos de pólvora nas mãos de Oziel Alves Pereira, embora nenhuma testemunha tenha confirmado, no inquérito policial, que ele tenha usado uma arma de fogo.

A desproporção entre o armamento e o número de homens armados desmente qualquer possibilidade de confronto. Luiz Vanderley, por exemplo, reconhece que disparou três ou quatro tiros sem acertar ninguém. Assustado, largou no chão o revólver calibre 38 que tinha pego da mão de Júlio César, outro militante do MST, e correu para o matagal da beira da estrada, procurando abrigo e salvação.

O MASSACRE

A própria ação de cada lado, durante o tiroteio, indica, de forma clara, que os sem-terra não tinham a menor condição de confronto: eram centenas e centenas de pessoas numa correria desvairada, tratando de escapar da fúria da polícia militar, que disparava, golpeava, ameaçava.

O Ministério Público do Estado do Pará, tomando como base o inquérito policial, na denúncia que ofereceu à Justiça — mais especificamente, num aditamento à denúncia original, enviado em outubro de 1996 —, diz, textualmente:

> Ao invés de confronto, começou uma verdadeira carnificina. Começava [em referência ao momento no qual, depois dos primeiros tiros, os sem-terra já estavam se dispersando e foram cercados pelas duas tropas da Polícia Militar] uma caçada sanguinária. Os policiais militares atiravam indiscriminadamente em todas as direções, inclusive atingindo pessoas pelas costas, que fugiam pelo meio do mato, bem como nas residências localizadas às margens da rodovia. Alguns integrantes do MST foram detidos e sumariamente executados.

A mesma denúncia, assinada pelo promotor de Justiça Marco Aurélio Nascimento, diz que "para realizar seus intentos, os criminosos [em alusão aos policiais militares] utilizaram-se de revólveres, fuzis, metralhadoras, e até dos instrumentos cortantes abandonados pelas vítimas [os facões e as foices dos sem-terra]".

Os relatos se sucedem, cada um acrescentando mais peso ao inventário de brutalidades vividas por aquelas pessoas.

Livonete Lopes Pereira tinha 19 anos. Quis correr, com o pai e o irmão, Raimundo, até uma casa de madeira que havia na beira da estrada. Não conseguiu. Foi jogada no chão por um policial militar, que tentou roubar seu relógio de pulso. Depois, foi arrastada pelo asfalto

A LONGA MARCHA AO ENCONTRO DA MORTE

e atirada em cima de três cadáveres que tinham sido postos na beira da estrada. O policial que a arrastou ordenou que ela ficasse de cabeça baixa, sem olhar para nada.

Uma hora, ela desobedeceu: levantou a cabeça e viu que seu irmão tinha sido morto.

Pouco depois, tornou a erguer a cabeça. Então, viu seu pai sendo espancado por três policiais militares. Viu como o corpo morto do irmão e o do pai eram carregados. Tinha certeza de que o pai ainda estava vivo. Um soldado tornou a arrastá-la pelo asfalto, depois mandou que levantasse, se juntasse a um grupo que estava na beira da estrada e que todos corressem para o mato.

Quando as pessoas começaram a correr, esse policial disparou para o alto. E ria.

O pai de Livonete, Inácio Pereira, era aquele que foi atirado no meio dos cadáveres — um deles, o do filho — na caçamba de uma camionete e levado vivo, por engano, entre os mortos, com destino ao necrotério de Curionópolis. O mesmo Inácio que viu matarem o ferido que foi jogado em cima dele.

A goiana Maria Abadia Barbosa tinha 56 anos. Quando começou o tiroteio, ela caminhou na direção contrária dos que fugiam das balas: é que tinha visto seu filho Júlio César caído no asfalto, ensanguentado. Correu na direção dos policiais pedindo que parassem de atirar. "A gente quer mais é que ele vá para o inferno", respondeu um policial. Maria Abadia agarrou o filho e começou a puxá-lo para a beira da estrada. Foi quando levou dois tiros na perna esquerda.

Arrastando-se, arrastou o filho até a casa de madeira, onde já havia muita gente refugiada.

Estava lá quando um policial militar entrou no local depois de escancarar a porta a pontapés. O invasor apontou o fuzil para as pessoas, quase todas mulheres com crianças. Foi quando a repórter Mariza

O MASSACRE

Romão colocou-se primeiro na frente desse policial, depois saiu da casa, gritando repetidamente que não atirassem porque ali só havia mulheres e crianças.

Um terceiro policial militar, também apontando um fuzil, mandou que todos saíssem da casa e se deitassem no chão de terra.

Estendidos no chão, Maria Abadia, a perna baleada, e seu filho Júlio César, todo ensanguentado, viram como alguns policiais militares levavam Mariza Romão para dentro do ônibus, com o cinegrafista Osvaldo Araújo, do SBT — o mesmo que gravou imagens dos primeiros quinze minutos do tiroteio.

Depois, Maria Abadia viu como um policial militar alto, moreno, arrastava pelos cabelos, de dentro da casa, Oziel. Viu como outro policial, mais baixo, gorducho, meio calvo, se juntava ao colega e começava a espancar Oziel com um porrete. Tudo muito brusco, muito rápido.

Ouviu o primeiro tiro disparado contra Oziel, e depois viu, sempre estendida no chão, como outros policiais arrastavam pelo asfalto algumas pessoas feridas, e ouviu mais e mais tiros.

Então, uma voz de homem — um policial militar cujo rosto ela não viu — mandou que todos se levantassem e corressem para o mato, do outro lado da estrada. E lá foi ela, com o filho, com todas as outras mulheres e crianças que estavam na casa, correndo.

A repórter, não. Depois de ter saído da casa pedindo aos gritos a um tenente da Polícia Militar chamado Sérgio que parassem de atirar, Mariza Romão foi levada, com o cinegrafista do canal concorrente, Osvaldo Araújo, para dentro de um dos ônibus vindos de Marabá. Instruções diretas do coronel Pantoja aos seus homens: tirar a repórter dali.

Os dois ficaram dentro do veículo durante quase quarenta minutos. Saíram quando o tiroteio havia cessado, os mortos reunidos numa pilha, e a repórter conseguiu chamar, de uma das janelas do ônibus, o

128

A LONGA MARCHA AO ENCONTRO DA MORTE

mesmo major Oliveira com quem tinha conversado nos dias anteriores, funcionando como intermediária entre o policial militar e o MST.

Ela já tinha visto o suficiente enquanto esteve dentro da casa de madeira, e mesmo antes, quando começou o tiroteio e ela subiu numa pequena elevação, na margem da estrada. De lá, a repórter e o cinegrafista do SBT correram em busca de refúgio.

Tanto tinha visto — e tanto tinha sido filmado por Osvaldo Araújo e pelo cinegrafista da mesma TV Liberal da repórter, Jonas Pereira de Oliveira, que foi parar no mesmo ônibus onde já estavam seus colegas — que Mariza Romão teve um revólver calibre 38 apontado para a sua cabeça por um soldado, que exigia a entrega das fitas com as imagens. O material só foi devolvido no dia seguinte, pelo major Oliveira, que disse não saber como a fita tinha ido parar em suas mãos. Disse e repetiu, com um sorriso torto que encerrou o assunto.

Mais tarde, surgiria a explicação da Polícia Militar: a repórter tinha sido levada com o cinegrafista para dentro do ônibus justamente para não correr nenhum risco, sob proteção apropriada.

Dentro do ônibus, porém, ela continuou presenciando fatos que lembraria em detalhes dez anos depois.

Viu, por exemplo, quando Manoel Rodrigues da Silva, que tinha 27 anos e todos chamavam de Neto, foi agarrado pela camisa por um policial militar, levado para o meio da pista, derrubado, chutado nas costas, pisado na cabeça, amarrado com uma corda, os braços para trás, e levado, o rosto em sangue, para o ônibus.

Ouviu quando os policiais militares disseram para Neto que ele só não ia ser morto por causa da repórter e do cinegrafista. Nem por isso, porém, deixou de continuar apanhando — na frente das testemunhas — com um pedaço de pau e um cassetete.

O MASSACRE

Outro que foi levado para dentro do mesmo ônibus da Transbrasiliana — depois de agredido duramente e de ter sido alvejado por vários tiros, o primeiro deles na perna esquerda — chamava-se Avelino Germiniano, o Gaúcho, um pequeno comerciante, dono do bar Saramandaya (na verdade, pouco mais que uma birosca pobre) em Parauapebas, e que havia se juntado aos sem-terra no início daquele ano. Tinha sido, antes, lavrador nas terras do pai, no Paraná, depois virado garimpeiro em Mato Grosso. Acabou dono do Saramandaya, que não rendia quase nada, e resolveu se juntar ao MST na esperança de conseguir terra e tornar a ser lavrador como o pai e o irmão.

Avelino foi algemado, arrastado no asfalto e salvo por um triz: os policiais militares que estavam dentro do ônibus achavam que ele era um dirigente dos sem-terra. Mesmo ferido e baleado (levou sete tiros nas pernas, nos pés, e um nas costas), apanhou para valer.

Quando estava sendo arrancado do veículo por três policiais militares, apanhando sempre, e sem parar, foi reconhecido pelo tenente Jorge, do destacamento de Parauapebas, que avisou aos agressores: "Esse aí não, esse aí não era nem para bater!"

O tenente frequentava o Saramandaya, e de vez em quando aparecia na casa de Avelino para tomar chimarrão. E sabia por que não era preciso nem bater no Gaúcho: ele era militante como centenas de outros, sem nenhuma importância além de ser do MST. Não era dirigente de nada.

Neto e Gaúcho foram levados de ônibus, com a tropa de Parauapebas, até o quartel. Interrogados, foram soltos na manhã do dia seguinte.

Já os ônibus que voltaram para Marabá com a tropa do coronel Pantoja levaram outros dois prisioneiros, feridos e algemados. Ao chegar ao quartel do batalhão, o motorista do ônibus ouviu que os dois seriam entregues à Polícia Civil. Nas investigações, os policiais asseguraram não ter recebido prisioneiro algum. Nenhum hospital registrou a entrada de dois feridos com as características descritas pelo motorista. O observa-

A LONGA MARCHA AO ENCONTRO DA MORTE

dor enviado pela Anistia Internacional a Marabá registra essa disparidade de declarações e insinua que os dois prisioneiros podem ter sido mortos e enterrados em algum lugar desconhecido. Jamais foi possível comprovar essa hipótese, que entra, assim, para a lista das perguntas sem resposta que surgiram no caos que se instalou depois do massacre.

Por volta das sete e meia da noite, o cenário na Curva do S era de escura desolação. O trânsito na PA-150 já havia sido liberado, os corpos tinham sido primeiro empilhados na margem da estrada e depois jogados na caçamba da camionete A-20 do destacamento da PM de Parauapebas e levados para Curionópolis, quase todos os sem-terra tinham se dispersado no meio do caos, enquanto grupos de policiais militares circulavam entre Eldorado, Curionópolis e Parauapebas.

A tropa de Marabá estava no caminho de volta.

Nos hospitais de Curionópolis e Parauapebas, médicos e enfermeiras de plantão cuidavam dos feridos. Havia muita gente na porta dos hospitais, em busca de notícias de parentes e amigos. Mulheres e homens queriam fazer o reconhecimento dos corpos, principalmente quem havia se perdido de familiares.

Alguns soldados do destacamento de Parauapebas que haviam participado do tiroteio montavam guarda na porta, tentando controlar as pessoas.

Já se sabia de muitos mortos e feridos, jornalistas começavam a chegar, e o ambiente era tenso. Os feridos graves estavam sendo enviados de Curionópolis para o hospital de Parauapebas. De lá, alguns foram transferidos para Marabá e, depois, para Belém. A confusão era total. Ninguém sabia ao certo quem estava onde.

No vendaval dos dias seguintes, advogados de associações defensoras dos direitos humanos e assistentes sociais tentaram entrar em contato com os feridos, em Marabá e Belém. Foram impedidos por ordens diretas do secretário de Segurança Pública, Paulo Sette Câmara. Só familiares poderiam visitar os feridos. Mas as famílias estavam a centenas de quilômetros de distância, em Eldorado do Carajás.

Quando finalmente os advogados conseguiram autorização para visitar os feridos, perceberam que, de fato, estavam visitando prisioneiros: nos corredores, nas portas das enfermarias, havia policiais militares vigiando.

O delegado de polícia de Curionópolis, Edivaldo Machado dos Santos, tinha sido chamado pelo major Oliveira para ir até a Curva do S e dar início aos procedimentos de rotina. Só que, quando chegou lá, pouco depois das sete da noite, já não havia soldados no local, nem mortos, nem feridos: apenas os pequenos grupos de sem-terra que começavam a se aglomerar outra vez, e que vagavam pelos destroços do acampamento levantado na beira da estrada antes do bloqueio armado no dia anterior.

Com medo da reação dos sem-terra, o delegado, o major Oliveira e mais três policiais militares deram meia-volta, entraram de novo no Gol azul cedido à PM pela prefeitura de Parauapebas e retornaram para Curionópolis.

Na verdade, era pouco — ou nada — o que o delegado poderia fazer, em termos de procedimentos regulamentares. Tudo tinha sido removido, os mortos, os feridos, nenhum dado positivo, nenhuma pista, nada havia sido preservado. Era como se estivesse claro que não havia o que investigar.

Como num caleidoscópio de horrores encaixados, as cenas se repetem, se mesclam, se sobrepõem aos relatos de quem estava lá, na memória de quem esteve.

Há um certo desencontro de horários, alguns detalhes se contradizem, mas o enredo não muda, nem os protagonistas.

A LONGA MARCHA AO ENCONTRO DA MORTE

É verdade que as pistas de alguns personagens importantes sumiram na poeira do tempo, que algumas afirmações jamais foram investigadas até o fim, que houve um certo afã em dissolver acusações incômodas, sufocando-as num verniz duvidoso.

É como se prevalecesse a assustadora, absurda sensação de que desde o princípio de tudo já estivesse tecida a trama do véu de impunidade que, passados mais de dez anos daquela tarde fatídica, continua encobrindo os responsáveis pela morte, os ferimentos e a memória, dilacerada para sempre, de quem estava na Curva do S.

Pode até ser que existam explicações razoáveis e argumentos sólidos para alguns pontos nebulosos. Acontece que essas explicações e argumentos nunca chegaram à superfície das dúvidas.

Por exemplo:

Alguém mais, além dos policiais militares identificados pelos seus superiores, participou do tiroteio contra os sem-terra?

Nunca se conseguiu comprovar que sim. Tampouco se conseguiu comprovar que não. Há um número mais do que razoável de denúncias indicando a participação de policiais militares de outras cidades, e também de um pistoleiro bastante conhecido na região. Essas denúncias foram desconsideradas no inquérito policial aberto pela Justiça Militar do Pará, e não se tornaram objeto de investigações mais profundas da Polícia Civil.

O que disseram as testemunhas?

Primeiro, contaram sobre a participação de policiais militares de outras guarnições e destacamentos, que não tinham nenhuma ligação com o caso.

No dia 3 de maio de 1996 — exatos dezesseis dias depois de ter visto o que viu —, a professora Maria da Conceição Holanda Oliveira, uma sindicalista ativa, prestou depoimento ao coronel encarregado do IPM, João Paulo Vieira da Silva, diante do procurador de Justiça Luiz César Tavares Bibas e do promotor Sávio Brabo de Araújo.

O MASSACRE

Ela contou que no dia do massacre estava dentro de um ônibus da Transbrasiliana, indo de Marabá para Xinguara. Quando faltavam pouquíssimos quilômetros para chegar a Eldorado, a viagem foi interrompida pelo bloqueio erguido pelos sem-terra. Com sua colega Ana Azevedo, Conceição desceu do ônibus e foi tentar convencer os sem-terra a deixar o veículo passar. Achou que, pelo fato de ser militante sindical, conseguiria esse privilégio, esse gesto de boa vontade. Nada feito. Aliás, elas — e todos os outros passageiros — sabiam que aquilo poderia acontecer. Ao sair de Marabá, o motorista havia avisado.

Conceição e Ana voltaram para o ônibus, estacionado perto da barreira e do caminhão atravessado na pista, e viram quando chegaram os policiais militares comandados pelo coronel Pantoja. E principalmente viram quando alguns passageiros — policiais militares fardados e outros homens usando trajes civis — desceram do ônibus, assim que começou o tiroteio, de arma na mão, e foram para o meio do tumulto.

Conceição afirmou que não tinha como saber a forma como esses policiais fardados e os outros homens com trajes civis participaram do tiroteio.

Recordou que, quando a estrada foi liberada, o ônibus parou, pouco adiante do lugar onde antes havia a barreira dos sem-terra, para que aqueles homens entrassem.

Durante o resto da viagem ela conversou com um dos policiais militares, o cabo Santos. Perguntou a ele por que havia descido e participado daquilo tudo. "São os ossos do ofício", respondeu o cabo. O policial também disse a ela que a tropa de Parauapebas estava atirando muito, e que ficar no meio do tiroteio tinha sido muito perigoso: "Qualquer um ali podia levar bala."

Ela não viu o cabo Santos ou qualquer um dos outros homens que desceram e subiram de volta em seu ônibus, carregando armas, disparar contra os sem-terra. Não tinha dúvidas, porém, de que eles se dirigiram ao lugar do tiroteio e só reapareceram quando tudo terminou.

A LONGA MARCHA AO ENCONTRO DA MORTE

A professora Maria da Conceição Holanda Oliveira não foi a única testemunha a relatar a participação de homens armados que não integravam as tropas de Parauapebas e de Marabá no tiroteio daquela tarde. Ao contrário: existe uma farta profusão de depoimentos prestados tanto à Justiça Militar quanto à Polícia Civil mencionando, insistentemente e com riqueza de detalhes, os movimentos de Gilberto Macedo Leão, o Jamaica, nos dias anteriores ao 17 de abril e, depois, no próprio tiroteio.

Valderes Tavares da Silva tinha, naquela época, 19 anos e trabalhava como capataz numa fazenda vizinha a Eldorado do Carajás. Pouco depois das oito da manhã do dia 17 de abril de 1996, ele foi chamado pelo sargento Leopoldo para ir até o destacamento da PM. Quando chegou, o sargento não estava. Começou a conversar com os soldados Wanderlan, Pargas, Arruda e Evaldo.

A certa altura, Pargas e Arruda o chamaram num canto. Recebeu um convite inusitado: juntar-se a eles naquela tarde para "meter bala em sem-terra".

O soldado Pargas foi enfático: "Vamos matar sem-terra que não presta." O soldado Arruda pediu emprestada a arma da Valderes. Pediu também que ele fosse buscar, emprestada, a escopeta de um certo Emílio.

Arruda contou ainda que um major — não disse o nome — havia advertido os soldados do destacamento de Eldorado para não usarem suas fardas nem suas armas.

Contou também que, na tarde do dia anterior, o soldado Wanderlan havia dito que Carioca, como era conhecido Ailton Bispo dos Santos, havia passado quarenta escopetas "para o assunto da fazenda Macaxeira".

No mesmo destacamento, e enquanto conversava com Pargas e Arruda, Valderes viu que, como os outros soldados, Jamaica estava tomando café. Parecia animado, ria muito.

Valderes não aceitou o convite, não emprestou sua arma nem pediu a escopeta de um certo Emílio. Foi trabalhar. Por volta das onze da manhã, foi até a casa de seu compadre Jaime, a uns 7 quilômetros de Eldorado, nas margens da PA-150. Ficou por lá até as quatro e meia, quando retornou para casa.

Nesse caminho de volta, passou pelo lugar da barreira dos sem-terra, justo no momento em que começava o tiroteio. Sentiu os olhos arderem por causa do gás lacrimogêneo, e escondeu-se atrás de um dos ônibus que tinham vindo de Marabá trazendo a tropa.

Os tiros se multiplicaram, as pessoas começaram a correr em todas as direções, e Valderes jogou sua bicicleta no capim da beira da estrada e se estendeu no chão.

Quando o tiroteio arrefeceu, ele ergueu a cabeça e viu como o sargento Leopoldo disparou três vezes contra um homem que já estava ferido, deitado no asfalto. "Taí, filho da puta, agora tu aprendeu!", Valderes afirma ter ouvido o sargento gritar depois de atirar. Mais tarde, examinando as fotos dos cadáveres, reconheceu Róbson Vitor Sobrinho, morto por três tiros: dois nas costas, que atravessaram seu coração e o pulmão direito, e um que entrou debaixo do olho esquerdo e saiu pelo alto da cabeça.

Quer dizer, nada muito diferente de todos os relatos de outras testemunhas em relação à sanha e à violência dos policiais militares.

Foi Valderes, em todo caso, quem assegurou em depoimento formal ter visto Jamaica vestindo calças verdes e camisa de manga comprida no meio da tropa.

A diferença entre seu depoimento e os outros que mencionam a presença de Jamaica entre soldados do destacamento de Eldorado do Carajás é que Valderes não pertencia ao MST nem tinha ligação alguma com a marcha ou seus integrantes.

No total, mais de dez depoimentos tomados durante as investigações asseguram a participação de Jamaica e mencionam terem ouvido a mesma história em relação a Carioca e ao transporte de armas.

A LONGA MARCHA AO ENCONTRO DA MORTE

Curiosamente, nos seus próprios depoimentos, tanto um como outro asseguram a mesma coisa: passaram o dia 17 de abril de 1996, das oito da manhã às oito da noite, no mesmo lugar, a churrascaria Carga Pesada. E dão como testemunhas as mesmas pessoas — a dona do estabelecimento, o churrasqueiro e outros empregados que são da família da proprietária.

Os investigadores da Polícia Militar se deram por satisfeitos. O inquérito feito pela Polícia Civil terminou aí, em relação a Jamaica e Carioca.

Nas semanas seguintes, correu tudo que é tipo de rumor envolvendo fazendeiros no massacre. Seriam mandantes e cúmplices, tendo inclusive ocorrido uma coleta que levantou 85 mil reais (na época, 85 mil dólares) dos 100 mil pedidos pelo coronel Mário Pantoja para realizar a operação.

Assim, nos primeiros dias de maio de 1996, alguns jornais noticiaram a denúncia feita por um fazendeiro que dizia ter dado dinheiro — 5 mil reais — para esse fundo coletivo entregue à Polícia Militar. A *Folha de S.Paulo*, na sua edição de 10 de maio, publicava o seguinte:

Fazendeiro diz ter pago por matança
Irineu Machado, da agência Folha, em Marabá

Um fazendeiro do leste do Pará disse à Agência Folha que contribuiu em dinheiro para o pagamento de propina à Polícia Militar para matar trabalhadores sem terra em Eldorado do Carajás (PA).

O fazendeiro só concordou em falar desde que seu nome não fosse divulgado, e a conversa não fosse gravada, por temer que possa correr risco de vida.

Ele disse que "pessoas estão sendo mortas" para evitar que digam a verdade. Ele chegou a marcar uma audiência com o juiz de Marabá, Francisco Chagas, onde prestaria depoimento ontem, mas acabou não comparecendo.

Segundo ele, a coleta de dinheiro entre fazendeiros para pagar a PM "realmente aconteceu".

"Só não entendo por que fizeram tudo isso e só mataram 19, e não uns cem de uma vez", disse.

Ele disse que "essa era a única maneira que os fazendeiros tinham de se defender da ameaça dos invasores". "Nós iríamos recorrer a quem? Não temos a quem recorrer", disse.

Ele não disse quanto pagou ou quanto foi arrecadado. "Foi muito mais que R$ 100 mil. Os fazendeiros daqui sempre pagaram à PM por proteção, alguns até mensalmente", disse.

O pagamento de propina ao comando da PM foi denunciado por um gerente de fazenda anônimo ao ministro da Justiça, Nelson Jobim. Os fazendeiros teriam pago R$ 100 mil ao coronel Mário Pantoja, da PM de Marabá, que comandou a ação da PM no conflito.

O fazendeiro disse que pelo menos seis pessoas morreram na última semana em fazendas da região.

O motivo das mortes seria "queima de arquivo". "Eu soube disso conversando com fazendeiros amigos meus. Eram seus funcionários." Ele disse desconhecer a identidade dos mortos.

A Polícia Civil não confirma as mortes. Segundo o fazendeiro, policiais ou pistoleiros contratados estariam "caçando" alguns funcionários de fazendas.

"Os corpos nunca vão aparecer. Eles são enterrados em cemitérios clandestinos por aí", disse.

O fazendeiro disse ainda haver um "pacto de silêncio" entre os proprietários rurais, os funcionários das fazendas e as autoridades locais. "Ninguém vai falar a verdade. Se falar, morre", afirmou.

Não há, em todo o processo, nenhum fazendeiro assumindo essa denúncia. O que de fato existiu foi o depoimento de Ricardo Marcondes de

A LONGA MARCHA AO ENCONTRO DA MORTE

Oliveira denunciando — com fartura de detalhes — a coleta realizada, segundo ele, a mando de Plínio Pinheiro Neto.

Ele não era propriamente fazendeiro, nem deu dinheiro algum: era gerente de uma fazenda vizinha à Macaxeira, a São Carlos. Contou que três dias antes do massacre foi procurado por Plínio Pinheiro Neto, que comunicou a ele que todos os proprietários da região estavam contribuindo com 5 mil reais "para custear o deslocamento da Polícia Militar de Marabá para Eldorado do Carajás, com a finalidade de promover a expulsão dos sem-terra que ocupavam a fazenda Macaxeira". Foi um encontro a sós, sem testemunhas, esclareceu Ricardo.

Dez dos sem-terra deveriam ser mortos, continuou Plínio Pinheiro Neto, sempre de acordo com o depoimento juramentado de Ricardo Marcondes de Oliveira. A quantia total a ser arrecadada era de 100 mil reais, em espécie, que seriam encaminhados diretamente para o coronel Pantoja.

Ricardo contou que chegou a pensar em telefonar para os proprietários da fazenda, pedindo autorização para fazer a entrega do dinheiro, mas que quando ouviu que pessoas seriam mortas desistiu, e informou a Plínio que a fazenda que ele gerenciava não participaria da coleta.

Ouviu de volta que naquele momento ele deixava de ser pessoa de confiança, e que tomasse muito cuidado com o que dissesse dali em diante.

No dia seguinte, numa estrada vicinal, Ricardo encontrou Carioca, que pediu carona. Uma vez mais, foi ameaçado. Ouviu que os fazendeiros da região já não confiavam nele, e que tomasse cuidado.

Todos os seus depoimentos repetem, à exaustão e com minúcias, desde a descrição da pasta de couro que Plínio estaria carregando no dia da conversa, e em cujo interior haveria uma quantidade de dinheiro descrita pelo próprio fazendeiro como 85 mil reais, até o curto trajeto da carona que deu a Carioca.

O MASSACRE

Acontece que parte de sua história pessoal foi radicalmente desmentida durante as investigações. Para começo de conversa, ele contou que era gerente da tal fazenda fazia oito anos, quando na verdade ficou lá menos de uma semana; depois do massacre, sumiu. Só reapareceu quando já estava sob proteção da Polícia Federal.

Contou que nunca tinha feito negócios em Marabá, mas apareceram documentos — inclusive cheques dele, devolvidos por falta absoluta de fundos — mostrando o contrário.

Todas as contradições e falsidades, porém, se referiam especificamente à sua trajetória pessoal. A própria polícia, em seu relatório sobre as investigações, reconhece que vários fazendeiros da região temiam invasões, "pelo que se poderia supor que estivessem interessados na incidência do massacre".

Nada de concreto foi comprovado, mas outras denúncias convergiam para o mesmo ponto — a existência de um fundo comum, nutrido por dinheiro de fazendeiros, para patrocinar ações da Polícia Militar.

Em Rio Maria, cidade da mesma região, surgiram religiosos denunciando o envolvimento do fazendeiro Maurício Pompeia Fraga na mesma coleta. Um dos denunciantes foi o frei Henri des Roziers.

Segundo essas denúncias, pouco antes das oito da noite do mesmo 17 de abril, quatro policiais militares chegaram na fazenda Porongaí, de Pompeia Fraga, onde pernoitaram. No dia seguinte, foram levados de volta, por um caminhão da fazenda, até Eldorado do Carajás.

Maurício Pompeia Fraga era proprietário de outra fazenda, a Rita de Cássia, em Eldorado do Carajás. Segundo as denúncias, os policiais militares teriam ido até sua fazenda prestar contas do que havia acontecido na Curva do S.

Um dos soldados que foram até a Porongaí era Evaldo Brito da Silva. Foi chamado para prestar depoimento no inquérito feito pela polícia. Disse que só prestaria declarações em juízo. Nunca foi chamado pela Justiça para depor.

A LONGA MARCHA AO ENCONTRO DA MORTE

A exemplo de todos os outros fazendeiros chamados a depor, Maurício Pompeia Fraga negou qualquer participação em coleta de dinheiro para a PM reprimir os sem-terra. Aliás, negou até mesmo ter ouvido falar, alguma vez, da existência de coletas.

Já o advogado Ronaldo Barata, que na época era o presidente do Iterpa, disse à mesma *Folha de S.Paulo* que a "versão da existência de um esquema de propinas de fazendeiros a policiais para matar sem-terra é verossímil". Disse que não podia assegurar que tal esquema existisse, "mas que pode existir, pode".

Contou também que ficara sabendo de uma festa realizada em Parauapebas, reunindo fazendeiros da região, para comemorar "a ação da Polícia Militar" — o massacre. E que tão logo soube do que acontecera na Curva do S, tinha advertido o governador Almir Gabriel: "Aí tem coisa de fazendeiro por trás."

Tudo isso foi dito por ele nas semanas seguintes ao 17 de abril de 1996. Nove anos e quatro meses mais tarde, conversei com Ronaldo Barata em Belém do Pará.

Já afastado de qualquer posto público, ele foi menos discreto em suas afirmações. Ouvi dele que certamente existiu, na época do massacre, não apenas uma, e sim várias coletas periódicas entre fazendeiros. A Polícia Militar costumava queixar-se da falta de recursos para tudo, da compra de pneus e gasolina à de munições e armas, além, claro, dos salários. O problema, disse Ronaldo Barata, é que jamais se conseguiu comprovar coisa alguma — muito mais pelo desleixo nas investigações do que pela impossibilidade de encontrar provas e testemunhas cabais.

Perguntei então a ele, em agosto de 2005, se ainda haveria um esquema semelhante, funcionando de maneira permanente. "Acho que hoje esse esquema não existe mais. Pode acontecer em casos isolados, quando alguns fazendeiros juntam dinheiro e contratam alguém para matar alguém. O contratado até pode, eventualmente, ser ou ter sido

O MASSACRE

policial. Mas as coisas mudaram muito depois do que aconteceu em Eldorado do Carajás", respondeu.

Seja como for, de concreto restaram duas coisas: primeiro, uma ordem do governador do estado levou a Polícia Militar a uma situação extrema.

Não foi a primeira vez, nem certamente a última, que lavradores sem-terra foram mortos em tiroteios com policiais militares. Nunca antes, porém, tinha acontecido algo semelhante — à luz do dia, envolvendo tanta gente, e provocando tantos mortos e tantos feridos de uma só vez. E nunca antes havia sido possível documentar, com tanta nitidez — em imagens e através de depoimentos consistentemente coincidentes —, a brutalidade policial.

O segundo acontecimento concreto é carregado de simbolismo. Quando tudo acabou, além dos mortos e feridos levados para Curionópolis e Parauapebas, os soldados da Polícia Militar invadiram as barracas armadas nas margens da estrada pelos sem-terra. Destruíram tudo. Roubaram o que havia para ser roubado: algumas roupas, alguns aparelhos de som que funcionavam a pilha. E, principalmente, recolheram toda a comida doada, dias antes, pela prefeitura de Eldorado, com atenção especial para as sacas de arroz e feijão que formavam a barricada no meio da estrada.

Essa comida, as sacas, tudo foi entregue aos comerciantes de Parauapebas e Curionópolis, que esperavam a carga saqueada dias antes pelos sem-terra.

A mais alta autoridade do estado atendeu às pressões dos fazendeiros que se queixavam da ameaça representada pelos sem-terra que bloquearam a estrada e exigiam solução para suas demandas que se arrastavam fazia meses.

Os executores da ordem dessa mais alta autoridade se contentaram com agradar aos comerciantes da região onde viviam, entregando a eles o arroz e o feijão que tinham sido doados aos sem-terra.

Entre um e outros, restaram os mortos e feridos.

A LONGA MARCHA AO ENCONTRO DA MORTE

Por volta das seis da tarde da sexta-feira, 19 de abril de 1996, os caixões com os corpos dos dezenove mortos de dois dias antes, em Eldorado do Carajás, foram postos na carroceria de um caminhão e levados para Curionópolis, onde familiares e amigos esperavam desde a noite anterior.

Chegando lá, começou o penoso processo de identificação dos mortos. Nas autópsias, eles foram identificados como "ignorado número 1", e assim, em sequência, até o número 19. Muitos estavam de tal forma deformados que só puderam ser efetivamente reconhecidos através de uma tenebrosa comparação com suas fotos, registradas na entrada dos corpos no necrotério de Marabá. Muitos familiares desmaiaram durante o reconhecimento, ao ver o estado em que se encontravam os cadáveres.

Essa jornada macabra só terminou ao amanhecer do dia 20 de abril. Dezesseis mortos foram enterrados em Curionópolis. Um, em Eldorado do Carajás. Um, em Marabá. E outro — Oziel — em Parauapebas, numa cerimônia de demolidora emoção.

Hoje, na Curva do S, na margem direita da estrada, na direção de Eldorado, dezenove troncos de castanheira, irremediavelmente queimados, armam um círculo.

É a homenagem dos sobreviventes aos caídos.

A castanheira é uma árvore de madeira dura e nobre. Ao longo dos quilômetros que separam Marabá de Eldorado do Carajás viaja-se por uma linha de asfalto em cujas margens surgem campos devastados.

A cada tanto, erguem-se contra o horizonte troncos queimados de castanheiras. Os troncos são testemunhas mudas dessa história.

A castanheira é uma árvore que morre de pé; sua silhueta negra e carbonizada rompe a paisagem para recordar como foi o que foi.

O MASSACRE

Muito perto da Curva do S — a menos de dez quilômetros do lugar da tragédia — existe um outro acampamento dos sem-terra. Fica na fazenda Peruano.

O que mais chama a atenção é que a maioria de seus moradores é formada por jovens muito jovens.

São os filhos dos assentados da Vila 17 de Abril, do assentamento Palmares, em Parauapebas, do acampamento da fazenda Cabaceiras, todas terras vizinhas, e que algum dia foram ocupadas pelos seus pais.

Quando se chega à parte ocupada da Peruano, onde está o acampamento, a primeira coisa que se vê é a escola.

As crianças dessa escola algum dia reivindicarão sua própria terra.

Tudo isso acontece à sombra das castanheiras queimadas, testemunhas que resistem, inteiras, diante do silêncio do horizonte.

UMA HISTÓRIA DE IMPUNIDADE

Na conclusão do Inquérito Policial Militar — o IPM — feito pela Justiça Militar do Pará, e depois de analisar cuidadosamente todos os depoimentos, todas as provas, o juiz encarregado resolveu punir o coronel Mário Colares Pantoja com a pena máxima prevista para casos como o dele: trinta dias de prisão administrativa, a ser cumprida no batalhão cujo comando ele perdeu.

Isso porque, para a Justiça Militar do Pará, a única atitude condenável do coronel Pantoja foi a maneira inepta com que comandou a operação de desobstrução da rodovia PA-150.

Na Justiça Civil, a história ocorreu de forma diferente, mas com um resultado final muito parecido: na hora das contas, escaparam todos. Foi uma investigação feita sem maior apuro, tanto assim que boa parte de suas páginas é feita de mera transcrição dos depoimentos prestados no inquérito da Justiça Militar.

Quem de fato ordenou a operação, o governador Almir Gabriel e seus principais assessores, responsáveis tanto pela área de Segurança Pública (o secretário Paulo Sette Câmara) como pelo comando-geral da Polícia Militar (coronel Fabiano Lopes), nem sequer foram indiciados.

O MASSACRE

Em setembro de 1997, o Supremo Tribunal Federal decidiu suspender e arquivar as investigações sobre a eventual responsabilidade de Almir Gabriel, Paulo Sette Câmara e o coronel Fabiano Lopes no massacre de Eldorado do Carajás.

Ao se eximir de investigar os três — superiores civis e militar dos que perpetraram o massacre —, a Justiça assegurou que nenhum deles chegaria a ser processado e julgado, e deixou que a responsabilidade caísse sobre quem acatou e cumpriu suas ordens.

O autor direto da operação, coronel Mário Colares Pantoja, e seu subordinado de maior patente, o major José Maria Pereira Oliveira, foram condenados pela Justiça Civil, mas estão em liberdade.

No fundo, só o coronel Pantoja e o major Oliveira foram efetivamente responsabilizados — e punidos, ainda que a punição tenha se limitado a nove meses de recolhimento em estabelecimentos da PM.

Seria este o final desta história? Será este?
Estarão, os fatos e suas consequências, condenados à impunidade?

O começo da história está no grupo de cerca de 2 mil homens, mulheres e crianças, famílias militantes do MST que, em julho de 1994 — portanto, quase dois anos antes do massacre —, ocupou terras que haviam sido concedidas, por decisão do Senado Federal, à Companhia Vale do Rio Doce, que tem mais de 1 milhão de hectares no Pará — uma área que inclui três reservas florestais.

Expulsas pela Polícia Militar, essas famílias acamparam em Parauapebas e lá ficaram oito meses.

Começou então uma série de ações do MST, cujo objetivo era pressionar as autoridades federais a negociar uma concessão de terras. Entre essas ações, foi ocupada a sede regional do Incra, em Marabá, onde militantes do movimento ficaram acampados cinco meses. Como resposta, receberam a oferta de terras situadas a mais de 100 quilômetros

UMA HISTÓRIA DE IMPUNIDADE

da região de Curionópolis, Eldorado e Parauapebas, e sem estrada de acesso. Uma espécie de exílio.

O MST não aceitou, e seus militantes ocuparam a fazenda Rio Branco, na mesma região onde viviam. Essa fazenda acabou sendo desapropriada pelo governo federal, e suas terras foram entregues a 250 das famílias reunidas pelo movimento.

Naquela altura — meados de 1995 —, o MST estava em plena mobilização, reunindo novos militantes, todos ou quase todos oriundos de garimpos fechados. Quando Francisco Graziano, presidente do Incra, visitou a Macaxeira, em outubro de 1995, o MST já estava robustecido — e disposto a pressionar cada vez mais.

Durante todo esse tempo, de julho de 1994, quando ocupou áreas da Vale do Rio Doce, até a marcha de abril de 1996, o MST deixou claro que negociaria com firmeza — uma firmeza que certamente assustou os fazendeiros da região.

A estratégia do movimento foi cuidadosamente desenhada, suas ações foram meticulosamente planejadas.

No começo dos anos 1990, o MST havia começado a atuar na região de Marabá, e em cinco anos havia deixado evidente sua força de mobilização.

Da primeira ação, realizada em janeiro de 1990 em Conceição do Araguaia, até julho de 1994, com a ocupação de áreas da Vale do Rio Doce, o crescimento do MST no Pará foi gradativo, mas consistente.

A ocupação de terras da Vale durou três dias, e as mais de 2 mil pessoas foram retiradas à força pela Polícia Militar. O MST denunciou, na época, que dois de seus coordenadores foram detidos dentro da empresa e torturados pelos seguranças, que seriam policiais militares.

Foi o primeiro enfrentamento duro entre a PM e o MST, que no primeiro semestre de 1995 mandou uma comissão para negociar com o governador Almir Gabriel, em Belém. Desse encontro surgiu o compromisso do governador de abrir um diálogo permanente e não tornar a tratar o tema da terra como questão de polícia.

147

O MASSACRE

Em agosto de 1995, porém, a Secretaria de Segurança Pública, pressionada pelos fazendeiros e por alguns empresários rurais, criou uma Delegacia de Conflitos Fundiários, para atuar em todo o estado, dedicada especialmente a tratar de ocupações promovidas pelo MST.

Ficou claro, desde então, o tratamento que seria dispensado pelo governo do Pará às reivindicações dos sem-terra.

Passados mais de dez anos, o MST reconhece um erro — grave — de avaliação cometido naquele começo de 1996.

Do ponto de vista do movimento, a partir de 1990 ocorreu uma consistente evolução em sua luta por terras para assentamentos e em sua capacidade de mobilização, inclusive no que se refere ao impacto junto à opinião pública e às autoridades. A região de Marabá era (e continua sendo) considerada primordial para o MST.

As características anteriores da reivindicação de terra, concentrada essencialmente na ação dos posseiros, tinha ficado para trás, confinada no calendário da década de 1970. Vindos de outros estados do país, lavradores sem terra — e sem trabalho — foram atraídos pelos garimpos. A região de Marabá se tornou o cruzamento de duas correntes migratórias fortes e antagônicas: a da miséria, traduzida nos sem-terra, e a do grande capital, traduzida na ocupação ilegal de terras, na devastação da floresta nativa.

Com isso, o uso do solo pelos grandes fazendeiros e os empreendedores rurais sofreu mudanças profundas: já no começo dos anos 1980, se expandiu a pecuária, amparada em financiamentos públicos, com o consequente desmatamento e a ocupação ilegal de grandes extensões de terras públicas.

Nesse novo cenário, os sem-terra que não tinham partido rumo aos garimpos atuavam quase que individualmente em sua batalha pela conquista de espaço. Era uma espécie de luta espontânea, sem organização alguma, que não alcançava uma negociação direta com o estado e

UMA HISTÓRIA DE IMPUNIDADE

muito menos com o governo federal. Entre outras razões, porque tanto os sucessivos governos estaduais como os instalados em Brasília tinham, como objetivo próprio, o mesmo dos fazendeiros e empreendedores rurais: a pecuária e o agronegócio.

Por volta de 1986, o MST começou a existir na região sul do Pará, a exemplo do que acontecia em outras regiões brasileiras, mas concentrando suas atividades no levantamento da situação. Na época, era forte a ligação do movimento com a CUT — a Central Única dos Trabalhadores — e com a CPT, a Comissão Pastoral da Terra.

Quatro anos mais tarde, no dia 10 de janeiro de 1990, o MST organizou sua primeira ocupação no Pará: a fazenda Ingá, em Conceição do Araguaia, que acabou sendo expropriada. Hoje, existe lá um assentamento produtivo e consolidado, mas sem nenhuma vinculação com o MST.

Seja como for, a Ingá tornou-se o ponto de partida. Dois anos depois, aconteceu a segunda ocupação, em Parauapebas.

Precedida de um amplo e meticuloso trabalho de implantação do MST na área — os coordenadores do movimento se referem a "trabalho de base, de conscientização" — e contando com a participação de militantes trazidos do Maranhão, a ocupação da fazenda Rio Branco marcou também o início de uma nova estratégia, que passou a ser empregada em todas as ocupações que vieram depois.

Foi deixada de lado a ação individual, em que um posseiro ocupava determinada extensão de terra e tratava de defender sua permanência do jeito que fosse. Nessa nova etapa, iniciada a partir de 1992, na Rio Branco, a ocupação passou a ser coletiva, realizada por famílias constituídas, com a diretriz de implantar de saída uma base de organização social, a começar pela instalação de uma escola.

Para evitar o que acontecia antes — quando lideranças individuais se transformavam em alvo fácil para pistoleiros contratados por donos, legais ou ilegais, de terras —, adotou-se a liderança coletiva, que é o próprio movimento.

O MASSACRE

Imediatamente após a ocupação, um grupo do MST entrou em contato com a delegação regional do Incra.

A nova estratégia estabelecida a partir de 1992 previa ainda a realização de várias ocupações em determinado período de tempo, forçando o que o movimento chama de "conflito institucional", uma forma de pressão destinada a ser aplicada em todo o país.

Outro alvo do MST foram os garimpeiros, que se transformaram em verdadeiros sem-nada depois do fechamento de Serra Pelada. A imensa maioria deles era formada por antigos lavradores que perderam terra ou trabalho e foram tentar a sorte nos garimpos e, por volta de 1990, retornavam à situação anterior. Essa massa, formada por levas de migrantes de vários estados do norte e do nordeste, passou a ingressar no MST a partir de 1994.

Esse era o cenário no começo de 1996, quando ocorreu o erro de avaliação que o MST admitiria mais tarde.

Os principais dirigentes e coordenadores do movimento sabiam da força de pressão que tinham conseguido reunir. Acreditavam em seu poder de convencimento, tanto para atrair mais e mais militantes como para dialogar com as autoridades estaduais e federais. Chegaram a supor que as matanças anteriores tinham sido suspensas quando lideranças individuais foram substituídas por coletivas.

Seu trabalho de atrair novos militantes foi feito com pessoas que vinham de experiências tremendamente duras, nos garimpos, onde a violência social alcançava níveis exacerbados. Entre outras tarefas, coube ao MST ensinar milhares de novos militantes a ler e a escrever, além de dar a eles noções elementares de organização coletiva.

Os dirigentes e coordenadores do MST não tinham, porém, a menor noção da fúria que suas ações desencadeavam na região. Admitem, hoje, que foram voluntaristas, que faltou uma reflexão mais profunda que os levasse a compreender as mudanças que tinham imposto, com suas mobilizações massivas, à própria natureza do conflito pela terra.

UMA HISTÓRIA DE IMPUNIDADE

Uma outra mudança radical havia ocorrido no tipo de enfrentamento entre os grandes proprietários e os sem-terra. Até o final dos anos 1980, a violência física se limitava à ação de pistoleiros, que atuavam isolados ou em pequenos grupos, contra lideranças de trabalhadores rurais, advogados, ativistas sociais, religiosos. Conforme, porém, os sem-terra foram se organizando e se tornaram força de pressão mais poderosa, o principal instrumento de defesa dos latifundiários passou a ser a Polícia Militar.

Claro que pistoleiros e jagunços continuaram sendo empregados em todo o país. Mas, quando sua presença não bastava, os grandes proprietários sabiam a quem recorrer. E rapidamente concluíram que era interessante, para eles, prestar "apoio logístico" à PM, ou seja, dar dinheiro periodicamente e contratar policiais para, em suas folgas, trabalhar como seguranças privados.

Os coordenadores e dirigentes do MST sabiam disso. Tamanha era a tensão que um relatório preparado em março de 1996 pelo P2 — o serviço de inteligência da PM — definia a situação da região de Marabá e Curionópolis como "de guerra civil". O mesmo relatório sugeria que o clima de antagonismo entre os sem-terra e a PM fazia com que "procedimentos policiais de rotina" devessem ser substituídos por "táticas militares", já que os militantes do MST tinham sido "treinados em táticas de guerrilha".

Foi nesse clima que o MST calculou que havia espaço e condições para radicalizar o processo, com invasões e marchas multitudinárias. Hoje, seus dirigentes admitem que calcularam mal a extensão do mal-estar e da irritação que suas ações provocavam entre os grandes proprietários de terra, na PM e no próprio governo estadual: a violência que culminou na Curva do S foi a resposta.

O massacre de Eldorado do Carajás abalou profundamente aquilo que coordenadores do movimento chamam de "a própria estrutura

O MASSACRE

psicológica do MST". De um lado, quando o governo federal desapropriou a Macaxeira e instalou o assentamento, houve uma clara conquista do MST. O fato de terem sido anunciadas mudanças profundas na política de Fernando Henrique Cardoso para a reforma agrária também foi uma vitória importante, resultado das repercussões provocadas pela matança na Curva do S.

De outro, o trauma da violência, as famílias dilaceradas, a memória que jamais poderá ser apagada.

A partir do massacre, o MST mudou. Um dos coordenadores do movimento em Marabá conta que passaram a analisar melhor a história da estrutura do campo nas diferentes regiões do país, a avaliar as reais possibilidades da política de reforma agrária do governo federal, a reexaminar suas relações com organismos vinculados à Igreja, e também com os sindicatos.

Assim foram projetadas, a partir de meados de 1996, as futuras lutas do MST.

Nessa tarefa de reavaliação, o movimento dedicou especial esforço a examinar a estrutura e o funcionamento real da Justiça no Brasil. Isso tudo, a partir de um início amargo: a certeza de que sobre os responsáveis e os autores do massacre de Eldorado do Carajás tinha sido estendido um pesado manto de impunidade.

Nos dias seguintes ao 17 de abril de 1996, o presidente Fernando Henrique Cardoso pediu "que ponham na cadeia o responsável, ou ninguém mais vai acreditar neste país. Tenho a convicção de que, desta vez, os culpados serão julgados". Almir Gabriel, por sua vez, assegurou que o culpado seria responsabilizado, e que "ninguém, mais do que eu, tem mais interesse em que as investigações sejam rápidas e perfeitas".

Rápidas, é verdade. Perfeitas, nem pensar.

UMA HISTÓRIA DE IMPUNIDADE

Quanto a serem julgados, os policiais militares foram. Aliás, duas vezes. Ninguém está preso. Resta, ainda assim, acreditar no país, enquanto se duvida de sua Justiça.

Dos 155 policiais — 147 sargentos, cabos e soldados; oito oficiais — envolvidos, só 55 foram ouvidos nas investigações (houve dois inquéritos, um militar e um civil). Não foram realizados, logo após o massacre, exames nas mãos dos policiais, para detectar resíduos de pólvora e saber quem tinha disparado. Muito antes da chegada da perícia, os corpos dos sem-terra foram removidos da Curva do S.

Também não foram recolhidas de imediato as armas que efetivamente foram usadas. Quando foram feitos os testes de balística, era impossível comprovar se as armas examinadas eram as mesmas usadas pelos policiais militares no dia do massacre.

Um juiz trabalha sobre inquéritos policiais. Se eles são malfeitos, isso significa que tanto juiz como promotor trabalham sobre um terreno repleto de falhas, sem consistência. Foi exatamente o que aconteceu no caso de Eldorado do Carajás.

O primeiro julgamento foi realizado em agosto de 1999, na comarca de Belém, já que se concluiu que não haveria infraestrutura na comarca de Curionópolis, e o Ministério Público pediu que a segunda opção, Marabá, não fosse levada em conta justamente pelo fato de a cidade ser a sede do batalhão que participou do massacre. Além do mais, dos 21 nomes pré-selecionados para integrar o júri popular previsto para acontecer em Marabá, doze eram fazendeiros ou empregados e parentes de proprietários de terras.

Dos 155 policiais militares, 153 foram levados a julgamento. Um soldado não foi encontrado. Outro foi processado separadamente, porque havia dúvidas em relação "à sua integridade mental".

O MASSACRE

Desde o princípio das investigações surgiram indícios claros do que viria depois. O juiz-auditor da Justiça Militar do Pará, por exemplo, rejeitou a denúncia oferecida pelo Ministério Público. Caberia a ele, no máximo, declarar-se incompetente e encaminhar o processo para a Justiça Civil.

O juiz do primeiro julgamento, Ronaldo Marques do Valle, católico rigoroso, dos que não perdem missa e procissão, era também maçom. Um conservador declarado que, antes de ser nomeado juiz na capital, tinha trabalhado em Parauapebas e Marabá — justamente as duas cidades onde os réus moravam e trabalhavam.

Pouco antes de iniciar a primeira sessão, quando perguntaram a ele se estava preparado, o juiz respondeu: "O Senhor é meu pastor, nada me faltará."

Na hora de se reunir com os jurados na sala secreta e explicar os quesitos que deveriam ser respondidos, Ronaldo do Valle segurou nas mãos um crucifixo de metal.

Dos 320 lugares do auditório da Universidade da Amazônia, onde o julgamento foi realizado (o salão do fórum era pequeno demais para abrigar os interessados em acompanhar as sessões), mais de um terço estava ocupado por policiais e suas famílias, tanto dos réus quanto de colegas de farda. Outros trezentos policiais militares cercavam o prédio da universidade privada, "para assegurar a ordem", conforme explicações oficiais da PM. Perto dali, cerca de 2 mil militantes do MST se manifestavam.

Das cinco testemunhas de acusação, três não compareceram. A repórter Mariza Romão, depois de ameaçada, mudou-se para Brasília, e não recebeu do tribunal passagens para ir a Belém. José Luiz Melo e Rita Monteiro Lopes, que moravam na Curva do S e acompanharam tudo que aconteceu, não receberam nem passagem, nem proteção policial. Ameaças, sim — muitas, e seguidas.

UMA HISTÓRIA DE IMPUNIDADE

Das testemunhas de defesa, duas não compareceram, lançando mão de prerrogativas asseguradas pela lei: o governador, Almir Gabriel, e seu secretário de Segurança Pública, Paulo Sette Câmara.

Os sete membros do júri eram funcionários públicos do governo estadual. Um deles, Sílvio Queiroz Mendonça, declarou depois aos jornalistas que sempre andava armado, com uma pistola 7.65 e um revólver calibre 38, e que seu sonho era ser delegado de polícia.

Todos os réus foram tratados pelo juiz Ronaldo do Valle por suas patentes militares. Quando se referia às vítimas — os sem-terra —, o juiz usava a expressão "os elementos".

A tese da defesa encabeçada pelo advogado Américo Leal era, basicamente, a seguinte: já que era impossível comprovar a participação direta de cada réu, ninguém poderia ser incriminado.

Para a acusação, que contava com o apoio de assistentes como o advogado Carlos Guedes, da Pastoral da Terra, Suzana Paim, do escritório de Luis Eduardo Greenhalgh, e principalmente Nilo Batista, considerado um dos expoentes do direito criminal no Brasil, o argumento principal era baseado no Código Penal, que assegura que todo aquele que concorre de qualquer modo para a prática de um delito incide nas sanções do delito. Ou, na transcrição textual do Código: "Quem, de qualquer modo, concorre para o crime incide nas penas a este cominadas, na medida de sua culpabilidade" (artigo 29 do CP de 1940).

Nilo Batista assegurava que o governador e seu secretário de Segurança Pública tinham responsabilidade *política* direta no massacre. Mas que a responsabilidade *criminal* cabia à PM, ou seja, aos oficiais, sargentos, cabos e soldados que participaram da matança.

Como o número de réus era muito grande, o juiz decidiu julgá-los em grupos que variavam de três a sete acusados. Para isso, foram necessárias 27 sessões. A primeira delas durou três dias, com o juiz impedindo a

O MASSACRE

utilização de vários documentos por parte da acusação e permitindo que outros fossem apresentados pela defesa.

Ele ressaltou claramente, em suas seguidas intervenções, vários conceitos apresentados pela defesa dos militares, permitindo inclusive que os advogados fizessem críticas grosseiras e irônicas ao promotor e aos assistentes da acusação.

As irregularidades se multiplicaram durante o julgamento, diante do silêncio complacente do juiz Ronaldo do Valle.

Um dos jurados — o mesmo Sílvio Mendonça que sonhava em ser policial — manifestou reiteradamente sua opinião, enquanto fazia perguntas ao promotor e aos assistentes de acusação. Fazer perguntas é permitido; emitir opinião é expressamente vedado (pode inclusive ser motivo para anulação de todo o julgamento), mas, ainda assim, o juiz não o interrompeu.

Houve um momento em que Sílvio Mendonça afirmou que considerava comprovada a existência de pelo menos um sem-terra armado e disparando, acrescentando que isso teria dado início ao conflito — uma das teses da defesa dos policiais militares. Com isso, ele violou o sigilo da votação, já que antecipou sua opinião. Ao mesmo tempo, rompeu a incomunicabilidade dos jurados.

Só isso já seria motivo para que o júri fosse dissolvido.

Basta uma rápida leitura nas atas do julgamento para ver até que ponto Ronaldo do Valle foi parcial em sua permissividade quando se tratava de atacar os sem-terra. As perguntas elaboradas por ele, e que foram respondidas pelos jurados, apresentavam contradições e foram redigidas de maneira confusa — tanto assim que, numa delas, o júri considerou Pantoja inocente, e em outra, culpado, sendo que as duas tratavam do mesmo aspecto, tendo sido redigidas de forma a criar um paradoxo.

UMA HISTÓRIA DE IMPUNIDADE

Antes de ler as sentenças dos três primeiros julgados — o coronel Pantoja, o major Oliveira e o capitão Raimundo Almandra Lameira —, Ronaldo do Valle agradeceu a Deus e à família, mulher e filhos.

Os três foram absolvidos por falta de provas.

Assim que Pantoja, Oliveira e Lameira foram declarados inocentes, a reação do promotor e dos advogados que atuaram como assistentes da acusação foi imediata.

As repercussões nos meios de comunicação foram muito grandes, todas negativas. Resultado: o julgamento dos outros 151 réus foi suspenso.

Oito meses depois, em abril de 2000, o julgamento foi anulado pelo Tribunal de Justiça do Estado do Pará. Confirmada a anulação, o juiz Ronaldo do Valle pediu para ser afastado do caso.

Aconteceu então algo insólito. Dos dezoito juízes das varas criminais da comarca de Belém, dezessete comunicaram oficialmente ao presidente do Tribunal de Justiça do estado que não aceitariam presidir o novo julgamento. Motivo: declaravam-se favoráveis aos policiais militares e contrários ao MST e aos sem-terra.

A única que aceitou foi a juíza Eva do Amaral Coelho, que esclareceu: "Eu não tenho medo do MST." Ela marcou o novo julgamento dos três oficiais absolvidos para julho de 2001. Dias antes, porém, determinou que fosse retirada do processo aquela que era considerada a principal prova da acusação — um laudo e um CD-ROM preparados pelo perito Ricardo Molina, da Universidade de Campinas, mostrando que os primeiros disparos foram feitos pela PM, e não pelos sem-terra.

Os advogados do MST pediram que Eva do Amaral Coelho revisse a decisão, e ela resolveu então adiar o julgamento, que em vez de ser iniciado no dia 18 de julho de 2001 só foi começar no dia 14 de maio de 2002.

O MASSACRE

Acabou se afastando do caso depois de recursos apresentados pelos advogados dos sem-terra, que argumentavam falta de isenção e pediam que fosse nomeado outro juiz.

Finalmente, um terceiro magistrado, Roberto Moura, foi designado para presidir o caso.

Durante as semanas desse segundo julgamento, as testemunhas de acusação sofreram permanentes ameaças, principalmente Raimundo Araújo dos Anjos, Valderes Tavares — que denunciou soldados do destacamento de Eldorado — e o pistoleiro conhecido por Jamaica. Essas ameaças foram divulgadas quase diariamente pela imprensa de Belém. Nenhuma testemunha de acusação recebeu qualquer tipo de proteção da Justiça.

Roberto Moura foi um juiz que conseguiu algo inédito: numa única sessão, julgar nada menos que 128 acusados. O promotor e seus assistentes tiveram exatamente um minuto e meio para apresentar provas da participação de cada um deles.

No total, foram cinco sessões em que se julgou o destino de 144 policiais militares. Dois deles — e apenas dois, o coronel Pantoja e o major Oliveira — foram condenados. Todos os outros, entre os quais os assassinos dos dezenove sem-terra, foram declarados inocentes.

Os condenados receberam o benefício de recorrer em liberdade.

Esse julgamento foi acompanhado pela subprocuradora-geral da República e procuradora federal dos Direitos do Cidadão, Maria Eliane Menezes de Faria.

Terminadas as sessões e expedidas as sentenças, ela enviou um relatório ao Conselho de Defesa dos Direitos da Pessoa Humana, dizendo, entre outras coisas, o seguinte:

UMA HISTÓRIA DE IMPUNIDADE

1) [o juiz Roberto Moura] impediu o regular exercício da acusação, que não teve tempo hábil para promover perante os jurados a individualização da conduta de cada réu;
2) impediu a busca da verdade real;
3) impediu que cada um dos jurados pudesse ter a compreensão exata da conduta atribuída a cada réu e a defesa exercida por cada um, de modo a exercitar o dever de julgar no rito legal definido para o Tribunal do Júri. No Tribunal Popular, a compreensão dos fatos e das provas é feita para cada jurado de forma verbal e ao vivo durante cada sessão de julgamento, ao cabo da qual, segue-se *incontinenti* a decisão;
4) propiciou a perda do controle da Sessão de Julgamento pelo Presidente do Tribunal do Júri [em referência às seguidas vezes em que os advogados de defesa dos militares interferiram, aos gritos, interrompendo as falas do promotor e dos assistentes de acusação].

Além disso, os jurados e suas famílias foram postos sob a proteção de policiais militares. Ainda assim, recebiam ameaças e abordagens constrangedoras — de policiais militares, que agiam deliberadamente e sem nenhum cuidado. Um exemplo: a esposa de um tenente ligou para uma suplente de jurado, a funcionária pública Ruth Souza da Silva, pedindo a ela que, se fosse efetivada no júri, não votasse contra seu marido.

Condenados, Mário Colares Pantoja e José Maria Pereira Oliveira apresentaram, por meio de seus advogados, diversos recursos. Finalmente, foram detidos em novembro de 2004 — mais de dois anos depois de terem recebido penas de 228 e 158 anos, respectivamente — e levados para quartéis da PM em Belém do Pará.

Novos recursos foram apresentados, e em setembro de 2005 os dois foram soltos.

O MASSACRE

Até meados de 2007 — mais de onze anos depois do massacre — não havia nenhuma previsão para o julgamento de seus recursos.

Eles continuavam livres. Eles, e todos os outros — tanto os responsáveis como os que participaram diretamente na matança.

Para sempre, porém, dezenove cruzes continuam plantadas nos cemitérios de Curionópolis, Parauapebas, Marabá e Eldorado do Carajás.

Na memória brasileira, essa ferida não cicatriza.

GRATIDÕES

Ao longo do longo tempo em que escrevi este livro — do começo de 2004, quando fiz as primeiras entrevistas, até abril de 2007, quando escrevo esta nota —, tive a ajuda valiosa de muita gente. Advogados, promotores, jornalistas, militantes de grupos e associações de defesa dos direitos humanos, antigos funcionários públicos do Pará e do governo federal, lavradores sem terra, assentados, acampados, integrantes de comissões de direitos humanos de organismos internacionais, meu editor — um sem-fim de gente me ajudou. Além, é claro, de amigos que souberam me incentivar e, principalmente, me suportar nos momentos em que tudo parecia me levar a uma sucessão de becos sem saída.

Tive, no final, a generosa e afetuosa dedicação de quem leu os originais e soube, com rara precisão, apontar equívocos, distrações, erros.

Gostaria de agradecer a cada um deles. Prefiro, porém, escrever esta nota sem mencionar nomes. Afinal, nenhum deles tem a menor responsabilidade no resultado final, que é este livro.

Quero que saibam, enfim, todos e cada um, do meu afeto, do meu reconhecimento e da minha gratidão. E que têm, para sempre, um lugar no melhor da minha memória.

Eric Nepomuceno
Araras, Petrópolis, abril de 2007

REFERÊNCIAS BIBLIOGRÁFICAS

Durante o trabalho de organizar e escrever este livro, consultei uma enorme quantidade de material nas mais diferentes fontes. Queria conhecer melhor desde antecedentes até análises acadêmicas sobre a questão dos conflitos da terra no Brasil. Além disso, é claro, recorri a muito material publicado pela imprensa. Encontrei o maior número de informações justamente na chamada "Ação Penal": os inquéritos policiais que serviram de base para o processo e os dois julgamentos a que foram submetidos os que participaram do massacre.

De todas essas fontes, listo abaixo as que me foram de maior utilidade.

LIVROS

Barata, Ronaldo. *Inventário da violência: crime e impunidade no campo paraense.* Belém: Cejup, 1995.

Barreira, César. *Crimes por encomenda: violência e pistolagem no cenário brasileiro.* Rio de Janeiro: Relume Dumará, 1998.

Batista, Pedro César. *Marcha interrompida.* Brasília: Thesaurus, 2006.

Brelaz, Walmir. *Os sobreviventes do massacre de Eldorado do Carajás.* Edição do autor, 2007.

O MASSACRE

Campos, Ademar da Silva. *O confronto em Eldorado do Carajás*. Edição do autor, 2002.

Chiavenato, Júlio. *A violência no campo: latifúndio e reforma agrária*. São Paulo: Moderna, 2000.

Cunha, Euclides da. *Os sertões*. Rio de Janeiro: Francisco Alves, 1997.

Giarraca, Norma et alii. *Cuando el Territorio es la Vida: los Sin Tierra en Brasil*. Buenos Aires: Antropofagia & GEMSAL, 2007.

Salgado, Sebastião et alii. *Terra*. São Paulo: Companhia das Letras, 1997.

Scolese, Eduardo. *A reforma agrária*. São Paulo: Publifolha, 2005.

Silva, Gonçalo Ferreira da. *O massacre de Eldorado de Carajás*. Rio de Janeiro: Academia Brasileira de Literatura de Cordel, 1996.

DOCUMENTOS

Boletim da Anistia Internacional, 13 jun. de 2002 ("Brasil: Eldorado do Carajás: esperanzas truncadas").

Boletins do Instituto Observatório Social/CUT Brasil relacionados a trabalho escravo (2004/2006).

Cadernos de conflitos no campo, Comissão Pastoral da Terra, 2006.

Dossiê do Trabalho Escravo, realizado pela agência Carta Maior, 2005.

Inquérito Policial Militar (IPM) instaurado em 18 de abril de 1996, a cargo da Polícia Militar do estado do Pará, presidido pelo coronel João Paulo Vieira (com destaque para notas dirigidas ao procurador--geral de Justiça do Estado do Pará, Manoel Santino Nascimento Júnior, em 23 de abril de 1996, assinadas pelos promotores militares Gilberto Valente e Mariza Machado Silva Lima).

Inventário de registros de denúncias de mortes relacionadas com a posse e a exploração de terra no estado do Pará, Secretaria Especial de Defesa Social do Pará, 2002.

Processo (Ação Penal número 786/96) da Comarca de Curionópolis; autor: Justiça Pública; réus: Cel. P.M. Mário Colares Pantoja e outros.

REFERÊNCIAS BIBLIOGRÁFICAS

Processo (Processo Criminal — Estado do Pará — 58ª Vara da Comarca da Capital). Autor: Justiça Pública. Réus: Júlio César Barbosa da Silva e outros. Indiciados: Gilberto Macedo Leão, vulgo "Jamaica", e outros.

Relatório da Anistia Internacional, janeiro de 1998 ("Violencia Rural: brutalidad policial e impunidad", em "Corumbiara y Eldorado de Carajás").

Relatório da subprocuradora-geral da República e procuradora federal dos Direitos do Cidadão, Dra. Maria Eliane Menezes de Farias, apresentado ao Conselho de Defesa dos Direitos da Pessoa Humana (2002).

Relatório do Fórum de Entidades Nacionais de Direitos Humanos (1998-2000).

Relatório resumido da Comissão Parlamentar Mista da Terra (CPMI da Terra), maio de 2004.

Relatórios "Conflitos no Campo — Brasil", da Comissão Pastoral da Terra da CNBB, 1996/2005.

Relatórios da Rede Social de Justiça e Direitos Humanos, coordenados por Sandra Carvalho, 2002.

Relatórios do Conselho Indigenista Missionário (CMI) sobre violência, no período 1996/2005.

ARTIGOS E ENSAIOS

"A luta contra a impunidade do massacre de Eldorado dos Carajás", por Carlos Guedes, advogado da CPT, em *Boletim MST*, ago. 2002.

"A reforma agrária e o governo Lula: entre a expectativa e a possibilidade", por Antonio Andriolli, doutorando em ciências sociais da Universidade de Osnabruck, Alemanha, na revista *Espaço Acadêmico*, dez. 2003.

O MASSACRE

"Amazônia: reminiscências das terras dos castanhais", por Rogério Almeida, site EcoDebate, 2006.

"Chagas que nos consomem", por Rogério Almeida, agência Ibase, 2006.

"Crônica de um massacre anunciado: Eldorado dos Carajás", por César Barreira, professor da Universidade Federal do Ceará, pesquisador do CNPq, em *São Paulo em Perspectiva*, vol. 13, out./dez. 1999.

"Disputa pela terra no Pará, uma questão de ordem?", por Rogério Almeida, no site ForumCarajás, 2006.

"Grilagem no Pará", por Lúcio Flávio Pinto, no site ForumCarajás, 2006.

"Ilegalidade repetida", por Leonardo Sakamoto, revista *Problemas Brasileiros*, mai./jun. 2003.

"Justiça agrária e a redemocratização do acesso à terra no Brasil", por Mariana Trotta D. Quintans, mestre em Teoria do Estado e Direito Constitucional pela PUC-RJ, s.d.

"Luta pela terra e a modernização da agricultura", por Maria Lia Corrêa de Araújo, s.d.

"Novos senhores de escravos", reportagem assinada por Evandro Éboli, jornal *O Globo*, 26 jul. 2004.

"O massacre de Eldorado dos Carajás: Cadernos de Formação", editado pelo MST/Pará, 1999.

"O MST e os limites da luta pela terra no Brasil", por Claudinei Poletti, doutor em Ciências Sociais pela Unicamp, apresentado durante o II Simpósio Estadual das Lutas Sociais na América Latina, Gepal/UEL, 2005.

"Os negócios da família Mutran", por Leonardo Sakamoto, agência Carta Maior, 2004.

"Pará, terra das mortes sem fim", por Rogério Almeida, no site ForumCarajás, 2006.

"Sesmarias e apossamento de terras no Brasil", por Nelson Nozoe, da Faculdade de Economia da Universidade de São Paulo, *Revista de Economia*, 2006.

REFERÊNCIAS BIBLIOGRÁFICAS

"Trabalho escravo resulta em condenação recorde", do site Notícias do Tribunal Superior do Trabalho, 2 ago. 2004.

"Váyase con Dios, Mutran!", por Élson Martins, *Página 20*, 2004.

"Violência e barbárie na era da globalização", por Zilda Márcia Grícoli Iokoi, da Universidade de São Paulo, em *História: fronteiras* (São Paulo: Humanitas, 1999).

JORNAIS E REVISTAS CONSULTADOS

Folha de S.Paulo
O Globo
Jornal do Brasil
O Estado de S. Paulo
O Liberal
Correio Braziliense
Página 12
Clarín
El País
Le Monde
La Reppublica
Veja
IstoÉ
Caros Amigos
Carta Capital
The Economist

Este livro foi composto na tipografia Minion
Pro, em corpo 11,5/16, e impresso em
papel off-white no Sistema Cameron da
Divisão Gráfica da Distribuidora Record.